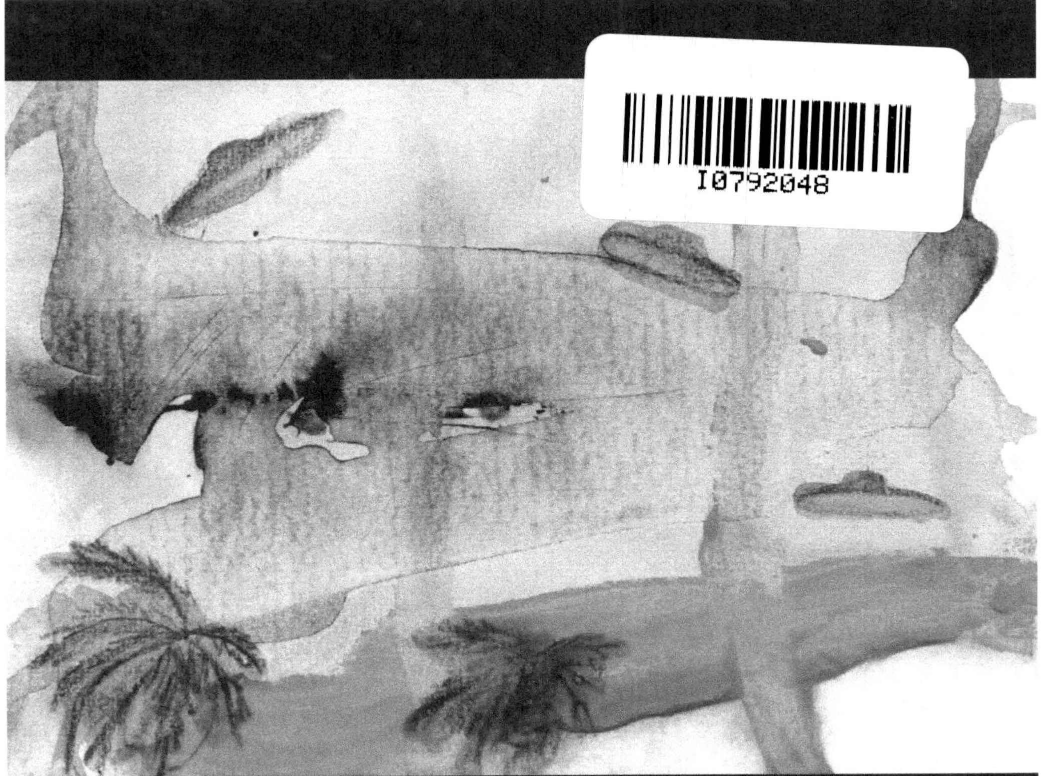

Samson Mawulolo Ahlijah

LES OVNIS EN AFRIQUE

(Quand les extraterrestres visitent le ciel africain...)

Samson Mawulolo Ahlijah

2

Les Ovnis en Afrique

Quand les extraterrestres visitent le ciel africain

2

Préface

La publication de mon ouvrage 'La question des Ovnis en Afrique Centrale' en novembre 2023 fit l'effet d'un électrochoc dans le milieu ufologique francophone que je n'avais pas du tout anticipé. En effet, il s'agissait pour moi de faire un état des lieux sur le rapport des sociétés gabonaises et congolaises à la question OVNI. Ce fut un travail âpre, compliqué, parfois monotone, que j'estimais nécessaire pour des raisons personnelles d'une part et par engagement citoyen d'autre part. Mais la région choisie, la thématique, le format (entretiens) tous ces éléments me paraissaient trop spécifiques pour susciter l'intérêt. Bien au contraire, la nouvelle de la publication de l'ouvrage fit boule de neige. L'ouvrage a bénéficié aussi d'un contexte français particulier car la date de publication coïncidait avec le colloque historique consacré aux ovnis du 4 au 5 novembre 2023 à l'université de la Sorbonne, où étaient présents Jacques Vallée, Luc Dini, Eric Zürcher, Philippe Guillemant, Fabrice Bonvin, Michael Vaillant, bref ni plus ni moins les seigneurs de l'ufologie francophone.

Dans le sillage de la sortie de l'ouvrage, j'ai créé le réseau UAP AFRIQUE (UAP signifiant Unidentified Aerial Phenomenon). Pour la petite anecdote, j'aurais pu employer le terme français, PAN pour Phénomènes Aérien Non-identifiés. Cela aurait donné Pan-Afrique, ce que je ne voulais pas, car cela aurait pu être ambiguë. Le public aurait conclu à la seule lecture du terme qu'il s'agissait d'un énième courant idéologique panafricain et n'aurait peut-être pas prêté attention au contenu de la chaîne youtube. Un contenu alimenté par des podcasts que je co-anime avec Stéphane Royer, une autre grande personnalité de l'ufologie française, qui a beaucoup travaillé sur les liens ovnis/nucléaires.

Je n'ai jamais eu le désir d'être un pionnier sur la question des ovnis en Afrique. Je n'ai pas de passion pour l'ufologie. J'ai un lien personnel, intime à la question ovnis qui rend ce sujet concret à mes yeux. Je ne rêve pas de voir un 'ovni' : j'en ai déjà vus. Je ne rêve pas de voir un 'gris'. J'en ai déjà vu. Et je n'avais rien demandé. Je l'écris posément, avec une assurance sans doute qui déroutera certains, tant pis. Je suis quelqu'un par ailleurs de profondément terrien, attaché à la matière, je suis agnostique, je n'ai pas de spiritualité particulière. Je ne vais pas au cinéma voir le moindre film sur des extraterrestres, il n'y a pas d'affiches de cinéma chez moi, ni le moindre t-shirt sur lequel c'est marqué 'I want to believe'. J'ai abordé ce sujet avec les réflexes de l'étudiant en géographie options sociologie et aménagement du territoire que j'ai été, et pour contribuer comme d'autres à travers le monde à déshabiller ce sujet sérieux du stigma qui l'entoure.

Il n'est tout simplement pas concevable qu'en 2024, l'opinion publique accepte avec bonhomie quelqu'un qui se convertit au christianisme suite à une nouvelle foi retrouvée mais tourne en dérision une personne qui dit qu'elle a vu quelque chose d'anormal dans le ciel ou un être bizarre dans sa chambre. On peut toujours répéter à l'envie que l'humour est la politesse du désespoir mais cela n'aide pas les personnes confrontées à ce qui sort de l'habituel. Qui n'est sans doute pas si extraordinaire que ça. Prétendre que des intelligences exogènes nous visitent est extraordinaire revient à affirmer que l'être humain est tellement unique que tout ce qui ne rentre pas dans sa conception du monde est incroyable. L'humain, qu'il soit européen ou africain doit faire preuve d'humilité. Dans le cas contraire, le prix à payer sera énorme. Les 'extraterrestres' se fichent pas mal

3

que des millions de gens ne croient pas en eux. Cela ne les empêche pas de survoler des centrales nucléaires par exemple. Et c'est bien là la problème. C'est ce qu'a compris Samson Mawulolo Ahlijah, au Togo, perplexe face au déni ou à l'apathie des sociétés africaines concernant ce sujet.

On connaît le refrain anthropocentrique 'si les aliens étaient dangereux, il y aurait longtemps qu'ils nous auraient détruits'. C'est faire fi des faits dramatiques qui se sont déroulés à Colares, au Brésil ou en Erythrée dans les années 70. L'autre refrain 'impossible pour des gens qu'ils viennent de si loin, car on ne peut pas voyager plus vite que la lumière et puis venir de si loin pour arracher des fleurs ou mutiler des vaches, quelle idée' est également pernicieux. Quand on évoque les lois de la physique, il est utile de préciser systématiquement les lois de la physique **connues**. Ensuite, il n'est pas du tout prouvé que des 'extraterrestres' viennent d'une galaxie lointaine. Enfin, venir sur terre prélever des fleurs n'est pas plus incongru qu'aller sur la lune récupérer des cailloux...

L'ovni est un emmerdeur car il EST la haute étrangeté. Quelque chose d'étranger à nos structures mentales humaines. Certes, sur terre, il y a des millions d'intelligences non-humaines, que nous ne comprenons pas ou peu, des baleines aux punaises. Mais l'humanité, dans sa globalité, à une supériorité technologique sur elles. Or les intelligences exogènes liées aux Ovnis ont une supériorité sur nous. Elles semblent capables de manipuler l'espace, le temps. Et les consciences.

Ces cinq dernières années, le rapport de force s'est équilibré entre les sceptiques radicaux et les partisans de l'hypothèse Aliens (que ceux-ci viennent d'une lointaine galaxie ou de mondes interdimensionnels). Les zététiciens, pour diverses raisons, n'ont plus le tapis rouge qu'ils avaient jusqu'en 2017 (2017 étant l'année où une enquête secrète sur les ovnis financée par le gouvernement des Etats-Unis a été rendue publique par le New York Times).

Les révélations de David Grusch, lanceur d'alerte en juin 2023 ont été abondamment commentées dans le monde entier à quelques exceptions près. Le continent africain semble être passé à côté. Comme l'écrit Samson Mawulolo Ahlijah, le sujet OVNI y est un sujet fantôme.
L' Alien très souvent y est impensé. Pourtant le continent n'a pas échappé par exemple à la vague d'ovnis de 1954, année récurrente tout au long de l'ouvrage. Il y a eu de nombreuses observations d'engins également à proximité des mines d'or ou des gisements d'uranium et des observations d'êtres étranges. Peut-on simplement se contenter de l'argument 'Les africains ont d'autres priorités' ? Difficile à dire. Il y a une classe moyenne importante qui aurait du temps pour s'intéresser à ce sujet. Or elle ne le fait pas. Les intellectuels, souvent issus de la classe moyenne ou de la classe bourgeoise tournent en rond autour du même sujet : colonisation, colonisation, colonisation. Ils sont finalement discrets, très discrets sur : l'intelligence artificielle, les changements climatiques, les droits des femmes et des minorités en général, le tribalisme, la condition animale etc.

Alors, sur le sujet des ovnis en Afrique, il y a presque tout à faire. Déjà, dans un premier temps, proposer une base de données sous forme d'ouvrage, établir un cadre. Jusqu'à maintenant, les histoires d'ovnis en Afrique sont dispersées dans la toile géante d'internet et des coupures de presse éparpillées. Tout le monde n'a pas la patience, ni l'envie ni même la présence d'esprit de fouiller à droite à gauche. En ce sens, le travail de Samson Mawulolo Ahlijah est essentiel. L'écrivain togolais signe là le début d'une grande aventure, complexe et intéressante : celle de l'ufologie africaine.

Jann Halexander, auteur, chanteur

Introduction

Chaque 2 juillet, le monde entier célèbre la journée mondiale des ovnis. Dans de nombreuses capitales d'Europe, d'Asie et d'Amérique du nord, des conférences sont organisées par des ufologues sur les thématiques liées aux extraterrestres et à la vie sur d'autres planètes.

En Afrique, à quelques rares exceptions près, cette journée se déroule d'une façon banale. Si des milliers de cas d'observation d'objets volants non identifiés (OVNI) sont rapportés chaque année aux États-Unis ou en Europe, personne ne semble remarquer la présence d'étranges objets volants en Afrique.

Les extraterrestres auraient-ils oublié l'Afrique ou préfèrent-ils éviter le continent à cause des guerres et de la pauvreté ? La réponse est non. Tout comme le ciel européen ou américain, le ciel africain est marqué par une intense activité d'objets volants non identifiés. Alors pourquoi personne n'en parle ? Il n'y a pas de réponse unique à cette question. Trois grands facteurs permettent d'expliquer pourquoi en Afrique, la question des Ovni sans être un sujet tabou ne semble intéresser personne.

Peu de personnes observent le ciel en Afrique

La première raison qui justifie le très faible nombre de signalements des cas d'observation d'ovnis en Afrique est que les gens n'observent pas le ciel. Ils sont tout simplement trop préoccupés à régler les problèmes du quotidien, qu'observer le ciel ne leur vient tout simplement pas à l'esprit. On peut dire qu'en Afrique les gens ont les pieds et la tête sur la terre et non dans les airs.

En Europe et en Amérique, les problèmes liés à la survie sont en grande partie réglés. Les gens ont donc plus de temps pour s'adonner aux activités comme l'observation du ciel ou la chasse des ovnis. En Afrique on doit encore chasser son pain quotidien alors pas de temps pour chasser des objets volants même si ceux-ci viennent d'une autre planète. Nous avons personnellement posé la question à plusieurs de nos proches qui ont clairement dit qu'ils n'observent pas le ciel sauf lorsqu'ils veulent savoir si une pluie s'annonce ou non. L'idée même d'observer le ciel à la recherche d'un objet volant étrange paraissait incongrue à beaucoup d'entre eux. Les deux pays d'Afrique qui rapportent le plus de cas d'observation d'ovnis sont l'Afrique du Sud et le Maroc. Ces deux pays sont considérés comme des pays émergents avec une population qui jouit d'un certain confort de vie.

Le poids des croyances traditionnelles

Les traditions sont la richesse du continent africain. Une tradition n'est pas la cristallisation de la stupidité d'un peuple à un moment donné de l'histoire. Au contraire, la tradition est une innovation qui est restée figée dans le temps. Et c'est justement là que se trouve le danger. Les individus qui grandissent avec ces traditions ont finalement tendance à les considérer comme une vérité absolue et ne mènent aucune réflexion pour la transcender.

Dans la plupart des communautés africaines, les signes du ciel sont associés à des divinités. Ainsi dans la culture Ewé (une nation de l'Ouest Africain), les mouvements d'objets volants non identifiés sont considérés comme étant la manifestation d'un dieu. Dans ces conditions, beaucoup de personnes qui regardent de temps en temps le ciel et regardent des ovnis estiment qu'elles sont en face d'une divinité. L'idée ne leur vient pas de rapporter ce cas ou d'en parler à qui que ce soit.

L'influence des religions abrahamiques

Il y a de cela quelques années, un de mes proches amis qui travaille actuellement dans une grande institution financière ouest-africaine est revenu des États-Unis où il étudiait. Au cours de notre rencontre il m'a montré une vidéo qui parlait des théories conspirationnistes et évoquait les liens entre les ovnis et les organisations occultes comme la franc-maçonnerie. Le fait qu'il croyait en ces vidéos n'était pas étonnant. Beaucoup de personnes sont convaincues de la véracité de ces thèses complotistes. Mais il me montra une autre vidéo qui faisait suite à la première et dans laquelle un pseudo savant musulman essayait d'expliquer que les ovnis étaient des manifestations démoniaques. Pour ce dernier, c'était des Djinns et des démons qui étaient au bord de ses engins et il n'y avait pas d'extraterrestres. Mon ami y croyait dur comme fer. Moi et mon ami, nous n'avons plus parler d'ovnis depuis lors mais il est fort probable qu'il continue à croire que ces machines volantes sont les œuvres de Satan.

Comme lui, beaucoup de musulmans africains une fois devant un Ovni n'auront qu'un réflexe, réciter des sourates du Saint Coran en espérant se protéger ainsi de tout mal. Ils n'iront donc pas rapporter cette rencontre d'un troisième type sur une plate-forme internet ou ailleurs.

Du côté des chrétiens, la situation est pareille. Beaucoup de chrétiens interprètent le passage d'un ovni comme l'œuvre d'un démon. D'autant plus que pour ces derniers les divinités africaines qui sont associées par les traditionalistes à un tel phénomène ne sont que des démons. Nous sommes convaincus que les pasteurs et les prêtres africains ont déjà eu à prier pour des hommes et des femmes qui croyaient avoir rencontré des démons après avoir vu des extraterrestres sortant des vaisseaux. Si ces religieux pouvaient rapporter les faits dont ils ont connaissance, le nombre d'observations d'ovnis et de rencontres du troisième type en Afrique pourra dépasser celui de l'Europe et de l'Amérique du Nord.

Le cas particulier de l'Afrique du Sud, du Maroc, de l'Égypte et de l'Algérie

En Afrique du Sud, les témoignages d'observation d'Ovnis et de rencontres du troisième type sont nombreux. La majorité de ces cas sont rapportés par la communauté blanche du pays. Mais Credo Mutwa, un prêtre traditionnel Zoulou a aussi abordé la question de l'existence des races extraterrestres en Afrique dans ses différentes interventions et dans ses livres. Pour ce dernier, les races extraterrestres qui seraient en Afrique auraient un agenda étrange et malveillant.

Au Maroc, le nombre d'observations d'ovnis est si élevé que les autorités du royaume ont décidé d'accorder une importance particulière à la question.

Sur l'ancienne terre des pharaons également, une forte activité des ovnis a été observée dans le ciel particulièrement dans la zone qui abrite les pyramides. En Algérie aussi, de nombreuses personnes ont rapporté avoir vu de mystérieuses lumières dans le ciel et ces phénomènes ont fait l'objet de multiples enquêtes.

Il existe plusieurs ouvrages qui parlent des cas d'observation d'ovnis en Afrique du Sud, au Maroc, en Égypte et en Algérie. Vous trouverez aussi facilement des informations en ligne sur les apparitions d'ovnis dans ces pays. Pour cette raison, nous n'allons pas nous intéresser à ces 4 pays dans le cadre de cet ouvrage.

Mon expérience personnelle

Très jeune, les questions liées à l'exploration spatiale et à la vie sur d'autres planètes m'ont passionné. Ma série préférée au cours de mon adolescence fut *StarGate SG1* que je continue par suivre d'ailleurs aujourd'hui. Mais mon intérêt pour les Ovnis a été renforcé par deux expériences que j'ai faites à titre personnel.

La première remonte à plus de 15 ans. Je devais avoir 14 ou 15 ans à l'époque. Un soir, je me prélasse sur la dalle d'une toute nouvelle terrasse que mes parents avaient fait construire. La position dans laquelle j'étais couché me permettait de contempler le ciel. À un moment, mon attention fut captivée par ce qui semblait être une petite étoile qui était en train de bouger dans tous les sens. Tantôt l'étoile allait dans la direction du sud puis brusquement vers l'Est et ensuite vers l'Ouest pour remonter vers le Nord. Ne comprenant rien, j'ai cligné et rouvert les yeux à plusieurs reprises. L'étoile était toujours là et continuait ses mouvements étranges et très rapides dans le ciel au-dessus de moi. Peu de temps avant cet événement, un cousin m'avait dit que tous les points lumineux qui se trouvaient dans le ciel n'étaient pas tous des étoiles et que certains étaient des satellites. J'ai donc conclu que le point lumineux que je venais de voir bouger dans tous les sens à grande vitesse était un satellite. Ce n'est que des années plus tard que j'ai compris que les satellites ne se déplaçaient pas ainsi dans les quatre directions et que j'avais probablement eu à faire à un Ovni.

Ma seconde observation d'Ovni a eu lieu le 27 juin 2023 aux alentours de minuit. J'étais dans mes réflexion sur le balcon lorsque j'aperçus au loin une boule de feu dans le ciel. Cette boule se trouvait dans la direction ouest et était d'un rouge très vif. Au début, j'ai cru à un reflet de l'éclairage public mais dans cette direction, il n'y avait pas d'éclairage de ce type. En observant mieux, je vis que la lumière baissait d'intensité et est devenue très faible puis tout s'est éteint d'un coup. Alors que je me demandais ce qui se passait, la lumière s'est brusquement rallumée et a semblé s'enfoncer dans le ciel jusqu'à sa complète disparition. J'avais mis mon téléphone en charge, j'ai couru le prendre pour prendre des clichés mais à mon retour, il n'y avait plus rien. Je suis sûr que je ne suis pas la seule personne à avoir observé ces deux phénomènes. Le but de ce livre n'est pas de spéculer sur la réalité des ovnis ou des races extraterrestres mais de présenter les quelques cas d'observations d'ovnis signalés en Afrique.

La première source est Internet et les sites de collecte des cas d'observations d'Ovnis. Beaucoup de ces sites ne font que reprendre les informations qui ont été rapporté par la presse locale. Nous allons donc procéder pays par pays.

Zimbabwe

Le Zimbabwe est un vaste pays d'Afrique australe. Les sorties médiatiques de son ancien président Robert Mugabe ont fait connaître ce pays sur le plan international. Mais il y a une autre chose pour laquelle ce pays mériterait d'être connu : son ciel a été souvent le théâtre d'activités de nombreux objets volants non identifiés. C'est au Zimbabwe que s'est produit dans les années 1990, l'un des cas d'observation d'ovnis les plus intriguants d'Afrique et du monde.

L'observation de l'École primaire d'Ariel

Nous sommes en 1994, plus précisément le 16 septembre 1994. Plus de soixante élèves de l'école primaire d'Ariel dont l'âge est compris entre 5 et 10 ans étaient en train de jouer dans la cours de récréation lorsqu'ils remarquent que des appareils volants ayant des formes étranges et qui ressemblent à des vaisseaux survolent l'espace au dessus d'eux en esquivant les fils électriques. Les vaisseaux finissent par se poser dans la brousse se trouvant à quelques pas de l'école. Les élèves affirment avoir vu deux créatures humanoïdes sortir des vaisseaux et se diriger vers eux. Ces créatures avaient de longs cheveux, des yeux très grands et étaient dépourvues de narines. Elles avaient des bouches en forme de fente et marchaient d'une façon guindée.

Les élèves assurent que ces créatures dont l'origine demeure inconnue n'ont pas ouvert les bouches mais leur ont parlé par télépathie. Certains élèves ont reçu des messages les alertant sur les dangers liés à la pollution, d'autres ont été averti sur l'imminence de la destruction de la terre et d'autres encore ont été informés que la terre était trop en avance sur le plan technologique. Après avoir délivré leurs messages, les créatures sont retournées à leurs vaisseaux et sont reparties.

Les élèves ont parlé de l'incident à leurs parents qui ne les ont pas crus. La réaction des enseignants fut également sceptique. Mais le fait que plusieurs dizaines d'enfants disaient la même chose et faisaient les mêmes dessins a fini par intrigué l'école et les parents qui ont décidé d'informer les services de l'État et de mener une petite enquête. Des ufologues des quatre coins du mondes sont venu enquêter sur ce qui constitue à ce jour l'un des exemples les plus marquants d'une rencontre du 3ème type. L'hypothèse d'une hystérie de masse a été avancée. Mais les psychiatres de renoms comme le docteur John Mack ont indiqué que les enfants semblaient tout à fait en possession de leurs facultés.

Bien avant l'incident de l'école d'Ariel, une autre observation d'Ovni importante a été signalée au Zimbabwé. **En 1953,** un objet volant non identifié ayant la forme d'un disque lumineux est apparu dans le ciel de Bulawayo. Selon les témoins, l'appareil avait une trajectoire de vol assez particulière. Il montait et descendait à vive allure et est resté visible dans le ciel pendant un long moment avant de disparaître à l'horizon.

Une autre observation a eu lieu le **22 juillet 1985.** Ce jour, aux alentours de 17h45 heure locale, des informations parvenant à la base aérienne de Thornbill font mention d'un Ovni survolant le ciel de la ville de Bulawayo et de certaines autres localités des régions occidentales du pays. Dans les minutes qui suivent, le personnel de la base aérienne observe aussi l'Ovni qui ressemble à un disque surmonté d'un cône. L'objet était si brillant qu'il était impossible de l'observer directement. Un officier de l'armée de l'air a affirmé qu'il ne s'agissait pas d'une illusion ou encore d'un produit de leur imagination mais bel et bien d'un objet volant non identifié. Celui-ci volait à une altitude de 2,1 kilomètres puis est monté brusquement à 21 kilomètres. Les avions de l'armée de l'air n'ont pas pu donner la chasse à cet Ovni qui était visible pendant tout ce temps sur les radars. Il redescendit après quelque temps avant de s'élancer brusquement dans les airs et de disparaître à l'horizon Le directeur général des opérations de l'air du Zimbabwé a dit qu'il pensait que cet Ovni venait d'une civilisation extraterrestre.

Le **7 mars 2021**, Richman Myambo, un homme de 47 ans, originaire de Chipinge, une localité du Zimbabwe, rentrait chez lui lorsqu'il a affirmé avoir observé un objet volant non identifié. La lumière inhabituelle que dégageait l'appareil était accompagnée d'un bruit assourdissant et l'appareil se déplaçait très rapidement dans le ciel. L'homme prit de panique essaya de se concentrer sur la moto mais il finit par tomber car il ne voyait plus rien et à cause de la lumière intense. Le **26 avril 2021**, une équipe de scientifiques occidentaux qui faisait du Safari au Zimbabwe a été témoin d'une scène étrange. Alors qu'ils étaient dans leurs tentes, ils ont aperçu un objet volant de couleur verte fluo dans le ciel. Des lumières sortaient de nombreux endroits de l'appareil qui est demeuré sur place pendant plusieurs minutes. Toutes les tentatives pour prendre des photos ont été infructueuses. Les membres de l'équipe soutiennent avoir aperçu d'étranges créatures à bord de l'Ovni sans fournir de description.

Le **8 avril 2017**, un couple a observé dans le ciel de Hararé, trois faisceaux lumineux clignotants et alternatifs qui émanaient d'un objet en vol stationnaire. Ni l'homme, ni la femme n'ont pu observer la forme réelle de l'appareil à cause du grand nombre de nuages qui recouvraient le ciel. Après environ 7 minutes, l'objet s'est déplacé vers le haut en direction de la gauche. Les lumières continuant à clignoter, puis il est resté en vol stationnaire pendant environ 3 minutes avant de se déplacer lentement en ligne droite, en direction du nord. Les lumières se sont peu à peu estompées avant de disparaître.

Le **13 mai 2016**, toujours à Harare, un pilote à la retraite a indiqué avoir aperçu aux alentours de 17 heures un flash très lumineux, qui s'est atténué puis a disparu momentanément, avant de s'éclairer à nouveau. L'appareil volant est resté pendant un bon moment stationnaire avant de se diriger progressivement vers le nord-est. Il n'a pas cessé de refléter la lumière du soleil. Selon le témoin, l'appareil était métallique et avait une forme triangulaire. Grâce à des jumelles, le témoin s'est rendu compte que l'appareil avait un dard qui pendait avec quelque chose attaché à son extrémité.

Le **2 mai 2012**, un témoin a rapporté qu'alors qu'il observait un avion d'Ethiopian Airlines qui venait de faire demi-tour après le décollage vers 14 heures à Harare, il s'est aperçu qu'il y avait un objet volant non identifié derrière ce dernier. Selon lui, l'ovni était vraiment très haut dans le ciel et a changé de forme à plusieurs reprises. Il était d'abord circulaire avec une couleur blanche puis est devenu allongé et a affiché une couleur grisâtre. Après quelques minutes, l'appareil est descendu puis a accéléré à une vitesse si forte qu'il a disparu aussitôt à l'horizon.

Le **2 novembre 2009**, dans une localité du sud-est du Zimbabwe, un comptable a indiqué qu'aux environs de 20h45, il a vu un flash lumineux très intense apparaître subitement dans le ciel. La lumière a couvert toute la zone dans un rayon de 50 kilomètres et était plus imposante que la pleine lune. Quelques secondes après, elle a disparu puis un éclair et une boule de feu sont apparus et ont pris la direction de l'ouest. Ensuite, il affirme avoir entendu un bruit assourdissant et avoir ressenti une petite secousse tellurique. Rien ne permet d'affirmer qu'il s'agissait d'une comète ou d'un ovni.

Le **30 juin 2003**, un jeune garçon affirme avoir vu ce qu'il avait pris pour deux météorites passées dans le ciel d'Harare. Mais a y voir de près, il s'est aperçu que l'objet ressemblait à un sac en plastique blanc flottant. L'ovni changeait de couleur et avait la forme d'un diamant. Il est monté tout droit dans le ciel, a fait le tour de la zone pendant quelques secondes et est redescendu avant de reprendre brusquement de la hauteur et de disparaître.

Le **31 décembre 1999**, dans la localité de Rushinga, un groupe de personnes ont affirmé qu'alors qu'elles étaient assises dehors, des lumières très brillantes sont subitement apparues dans le ciel nocturne. Elles ont d'abord cru qu'il s'agissait d'un avion mais se sont ensuite rendus compte que l'appareil qui émettait ses lumières volait très bas et ne faisait aucun bruit. Elles ont pu apercevoir quelques fenêtres de l'appareil de forme circulaire qui a circulé dans la localité pendant 3 à 5 minutes avant de prendre de la hauteur et de s'éloigner rapidement.

Zambie

En Zambie également plusieurs cas d'observation d'ovnis ont été rapportés.

Le **1er janvier 1948**, un témoin a affirmé avoir vu un objet volant non identifié depuis une voiture au-dessus des hauteurs des Collines Kapri. L'objet ne semblait pas pressé parce qu'il est resté visible pendant 4 heures. Le **3 octobre 1961**, un objet volant sous forme de disque a été observé dans la localité de Chingola. Le **12 décembre 1966**, un homme a observé deux objets volants non identifiés au-dessus du ciel de Lusaka. La vitesse des objets et leurs formes circulaires ne correspondent à aucun objet fabriqué par l'homme.

Le **6 juillet 1971**, un autre objet volant de forme circulaire a traversé à toute vitesse le ciel de Lusaka.

Le **9 mai 2003**, un témoin de 9 ans indique qu'il était sur la terrasse la nuit avec sa mère lorsqu'un objet volant très lumineux est apparu dans le ciel. Selon le témoin, la lumière produite par l'appareil était si forte que l'obscurité s'était dissipée et qu'il avait l'impression d'être en pleine journée. La lumière a disparu au bout de 3 secondes. Un autre jour, le même témoin affirme qu'en pleine journée, il était monté au sommet d'un grand arbre et aperçu dans le ciel un étrange objet ressemblant à un aigle. L'objet serait passé à toute vitesse. Il avait une longueur d'environ 50 mètres et a disparu rapidement. En 2009 alors qu'il avait 15 ans, la même personne a affirmé qu'il se trouvait dans une autre ville, lorsque soudain de minuscules points de lumière jaunes sont apparus devant lui et ont formé un petit disque qui a émis un son similaire au tintement d'une cloche avant de disparaître.

Le **29 février 2012**, un témoin affirme avoir vu 6 étoiles bougées dans le ciel puis disparaître. Ensuite il a remarqué 3 objets volant non identifiés apparaître. Le troisième possédait trois lumières différentes à savoir bleue, orange et rouge.

Le **30 novembre 2013**, dans la région de Luangwa, plusieurs personnes ont affirmé avoir d'étranges vues d'étranges lumineux dans le ciel. Ces objets étaient en vol stationnaire. À en croire le témoin, de telles apparitions sont courantes. Le plus étrange est que les objets sont apparemment invisibles sur les photographies.

Le **24 juillet 2017**, un témoin vivant à Lusaka a affirmé qu'alors qu'il retournait à la maison, il vit 3 lumières rouges dans le ciel. Il pensa d'abord qu'il s'agissait d'un avion avant de se rendre compte que les trois lumières rouges ressemblaient à trois moteurs de poussée bien qu'elles n'étaient accompagnées d'aucun son. Le plus étrange est que l'appareil se déplaçait en zig-zag en s'arrêtant de temps en temps.

Le **20 janvier 2023**, un OVNI a été observé à Lusaka, la capitale de la Zambie. Un témoin a pu filmer la scène. C'était en tout quatre boules lumineuses qui sont apparues dans le ciel de Lusaka et qui se déplaçaient doucement dans le ciel à une douce allure. La personne qui filmait la scène s'étonnait que les zambiens témoignent peu d'intérêt pour les Ovnis.

Cette apparition n'a pas fait l'objet d'une quelconque enquête.

Le **22 juin 2023**, un témoin affirme qu'alors qu'il regardait les étoiles, il aperçut un objet qui bougeait lentement en zig-zag. Soudain, l'objet a accéléré, puis a freiné avant de disparaître. Quelques jours plus tard, le témoin affirme avoir vu le même objet se déplacer lentement dans le ciel avant de disparaître. Puis il a vu un objet qui volait à une basse altitude et dont les lumières clignotaient. Selon ses dires, l'appareil n'émettait aucun son.

Tunisie

Plusieurs cas d'observation d'ovnis ont été signalé en Tunisie

Le **3 septembre 1954**, un étrange objet en plastique transparent a survolé les maisons dans la localité de Souk-El-Khemis. Il ne s'agissait pas d'un avion et le comportement de l'objet défiait les lois de la physique. À la même date, dans la localité de Zouem, un objet volant en forme de disque a été observé dans le ciel en pleine journée.

Le **2 octobre de la même année (1954)**, un autre objet volant sous forme de disque a été observé en pleine journée à Mégrine-Couteaux. En juillet 1969, plusieurs témoins, dont des fonctionnaires de l'ambassade des États-Unis, ont indiqué avoir vu dans le ciel de Tunis, un objet volant de couleur verte et bleu qui était aussi gosse qu'une pleine lune. Après avoir tourné pendant un temps au-dessus des habitations, l'appareil aurait donné l'impression d'exploser en formant un nuage circulaire verdâtre.

Le **7 août 1978**, un objet volant sous forme de disque plat d'un diamètre de 50 mètres est descendu du ciel pendant deux minutes avant de tourner et de remonter verticalement pour disparaître dans le ciel. Il était 22 heures et une coupure de courant de 9 minutes a eu lieu. Le **8 janvier 1979**, un groupe de personnes a aperçu un petit disque d'environ 1,5 mètre planer dans le ciel près d'un lac pendant une dizaine de minutes. Il s'est ensuite éloigné et a disparu en une fraction de seconde.

Le **15 février 1997**, 8 personnes qui habitaient la ville de Sousse se trouvaient sur un toit. Le témoin, une personne travaillant dans le domaine de l'aéronautique, affirme qu'il a alors aperçu dans le ciel un objet qui était plus grand que les étoiles et beaucoup plus brillant et qui en plus ne scintillait pas. Puis, selon lui, l'objet s'est mis à filer en ligne droite et s'est retrouvé presque instantanément à l'autre bout de l'horizon. Elle s'est arrêtée un peu puis est repartie de l'autre côté. Le témoin assure que cet objet qui ressemble à celui que nous avions personnellement vu environ 10 ans plus tard, ne venait pas de ce monde.

Le **13 juillet 1998**, plusieurs ovnis en forme de V ont été aperçus au-dessus de la ville de Sousse. Ces appareils volaient à une vitesse incroyable dans le ciel nocturne. Le témoin affirme qu'il avait 13 ans à l'époque mais a gardé un bon souvenir de l'engin à cause de sa vitesse élevée.

Le **9 juillet 2005**, dans la ville de Hammamet, un témoin affirme avoir vu un ovni. Alors qu'il était au café Bouhadid, un étrange objet volant de forme carré divisé en deux rectangles apparu dans le ciel. Chaque rectangle était éclairé par des lumières de différentes couleurs, vertes, rouges, jaunes, de faible intensité et de formes allongées, perpendiculaires à l'axe qui divise le carré en deux. L'objet se déplaçait en rasant les nuages, par instant il disparaissait partiellement derrière ces derniers. Sa vitesse était modérée et il avait une dimension apparente de 30 à 35 m.

Le **22 mars 2006**, un couple séjournant à Port EL Kantaoui, à Sousse a remarqué qu'un objet long de 2 mètres environ planait légèrement plus haut que l'hôtel où il logeait et se déplaçait dans leur direction à environ 80 kilomètres par heure. L'objet avait une rangée de lumières et un diamètre d'environ 30 centimètres.

Le **13 juin 2009**, un témoin affirme qu'il était en compagnie d'une de ses cousines lorsqu'il a vu une lumière brillante qui a commencé par se déplacer vers la droite, puis est revenue à sa place, avant d'aller vers la gauche, puis de revenir à sa place initiale. Soudain, l'objet aurait commencé à se déplacer à une vitesse extraordinaire en direction de la montagne qui se trouvait à droite de la maison où ils se trouvaient. Il ne produisait aucun bruit, puis s'est arrêté en plein vol avant de reprendre son déplacement à une faible vitesse. Le témoin affirme avoir bien vu la forme de l'objet qui ressemblait à un disque, avec une forme de queue de poisson à l'arrière. Des lumières bleues et rouges scintillaient tout autour de sa surface. Il s'est arrêté un moment et a projeté une lumière par le dessous comme s'il voulait atterrir, et a disparu derrière la montagne. Selon le témoin, **tout cela n'aurait duré que 2 minutes, mais fait étrange, la vidéo qu'il a pris fait plus de 5 minutes et n'est pas complète.** De plus, il affirme que ses cousins ont vu la même chose mais se sont montrés un peu confus par la suite par rapport aux détails. Le témoin affirme avoir du mal à se concentrer sur cet événement et ne se souvient même pas à quel moment il a décidé de filmer.

Le **8 août 2010**, un témoin en compagnie de sa femme indique avoir observé un grand objet noir à quatre faces qui flottait dans le ciel nocturne. La forme noire flottait au-dessus d'eux et sans être tout à fait carrée, elle avait quatre côtés et un aspect plat. De plus, elle n'émettait aucun son en se déplaçant de gauche à droite. C'était un très grand Ovni selon le témoin. Le **10 juin 2012**, un individu a affirmé avoir vu glissé à grande vitesse dans le ciel, un objet de forme rectangulaire qui possédait deux grandes lumières orange tamisées aux deux extrémités de sa surface. Le **25 octobre 2013**, un objet ressemblant à une sphère avec une lumière brillante et fixe a été observé à Tunis. Le témoin affirme que l'objet passait depuis 5 jours dans le ciel tunisien et allait du nord au sud à une vitesse qui dépasse de loin celle d'un avion.

Le **9 mars 2016**, un témoin a rapporté avoir vu une étoile se déplacer sur le côté. Il a alors compris qu'il avait devant lui un objet volant non identifié. Celui-ci est resté stationnaire pendant environ 40 secondes avant de se mettre à briller plus fort et de doubler de taille, puis subitement l'objet aurait accéléré vers l'espace et sa couleur a changé pour devenir d'un blanc très brillant. Le **17 juillet 2016**, un couple a affirmé avoir vu des objets étranges se déplacer l'un à la suite de l'autre dans le ciel d'Ariana. Pour avoir le cœur net sur le déplacement des ovnis, l'homme affirme avoir garé sa voiture sur le côté de la route pour donner. Les deux objets donnaient l'impression d'être en train de faire une patrouille et suivaient la même trajectoire. Puis brusquement, le premier objet s'est effacé à un point du ciel, le second a gardé la même trajectoire et a aussi disparu au même point.

Le **29 décembre 2018**, 3 grandes lumières lumineuses dont deux étaient de forme circulaire et un en forme de diamant ont été aperçues au-dessus des nuages par un témoin à Tinus.

Le **28 mars 2021**, plusieurs personnes ont affirmé avoir vu dans le ciel de Tunis, un objet volant aux formes étranges au-dessus de l'avenue Bourguiba. La vidéo a enflammé la toile. L'Ovni était très brillant. Beaucoup l'ont décrit comme étant d'un blanc scintillant. Ses mouvements rapides défilaient clairement les lois de la physique et certains ont indiqué qu'il s'agissait sûrement d'un vaisseau extraterrestre.

Togo

À part nos deux expériences personnelles dont nous avons parlé dans l'introduction. Deux cas d'observation d'ovnis méritent d'être évoqués au Togo.

Le premier date du **28 mars 1974**, un objet de forme cylindrique a été observé sur la plage de Lomé. L'objet aurait provoqué la formation de vagues très hautes et a projeté un faisceau de lumière qui aurait paralysé un des témoins. Nous n'avons pas pu obtenir plus de détails à ce sujet.

Le second témoignage date du **29 mars 1974** soit un jour après l'observation du 28 mars. Deux témoins ont affirmé avoir aperçu un objet volant de forme cylindrique et multicolore d'environ 30 mètres de diamètre. Ce second ovni a été aussi observé au niveau de la plage de Lomé. Après avoir survolé la plage pendant 20 longues minutes, l'appareil qui émettait un son très aigu, a disparu à l'horizon.

Tchad

Les cas d'observation d'Ovni au Tchad ne sont pas nombreux.

En **septembre 1977**, un objet lumineux et nuageux a été observé par plusieurs témoins dans le ciel de N'djaména. L'Ovni volait du nord au sud très lentement et à une basse altitude. Les témoins ont indiqué avoir entendu 12 détonations lors de son passage.

Le **23 juillet 2017**, une personne qui regardait la météo sur le satellite 24 (sat24) a affirmé avoir remarqué un gigantesque objet volant à la frontière situé entre le Tchad et le Soudan. L'objet se déplaçait à une vitesse très importante et est demeuré visible pendant une dizaine de minutes avant de disparaître.

En Tanzanie non plus les Ovnis ne semblent pas réguliers ou du moins la population ne les observe pas.

Le **1 août 1966**, depuis le toit-terrasse d'une maison située dans la localité de Moshi, un enfant et ses parents se trouvaient sur la terrasse lorsqu'ils ont vu quelque chose d'étrange dans le ciel. Trois objets semblables à des étoiles (des lumières) se déplaçaient très lentement vers le nord, puis sont restés ainsi pendant environ 10 minutes. Une des lumières s'est ensuite détachée du groupe, a semblé planer pendant quelques secondes et a ensuite accéléré vers le haut à une vitesse phénoménale. Après quelques minutes, une deuxième lumière s'est détachée et s'est élevée dans une autre direction à une vitesse tout aussi impressionnante. Enfin, la troisième lumière restante a fait de même après quelques minutes. Elles ont toutes disparu sans produire le moindre bruit.

Le **28 mai 2001**, un touriste qui participait à un safari en Tanzanie était à son campement au bord de l'océan Indien, près de Dar es Salaam et discutait avec un autre participant vers 22 heures lorsqu'ils aperçurent un engin en forme de disque dans le ciel. Il brillait d'une couleur rouge orangée et semblait s'éloigner de la terre. L'objet est resté visible pendant environ dix secondes. Il était difficile d'estimer avec précision sa taille, sa vitesse ou sa distance par rapport à nous.

Le **26 décembre 2008**, un couple en compagnie de quelques amis et de leurs enfants était assis sur la véranda basse de leur maison, sirotant du café et respirant les odeurs de l'océan, lorsque vers 20 heures 40, deux lumières rondes d'un orange vif et intense apparurent dans le ciel. Elles ressemblaient aux braises d'un très grand feu d'artifice. Les objets ont plané pendant 20 secondes, puis ils ont commencé à se diriger vers le sud à une vitesse très lente. Il n'y avait aucun reflet sur le sol ni aucun son. Un témoin vivant à 100 mètres à l'ouest du couple a affirmé avoir vu trois lumières oranges au lieu de deux le même jour. Il a aussi déclaré qu'il avait entendu des bruits de pas ce jour.

Le **9 janvier 2009** aux alentours de 19 h 40 heure locale, un graphiste vivant à Dar-es-Salam du nom de Sujit Bhojak a témoigné qu'il se trouvait à son balcon lorsque soudain ses yeux ont été attiré par un objet volant inhabituel. Cet objet était si lumineux et volait à une vitesse beaucoup plus importante que celle des avions normaux. Il appelé sa femme et lui a demandé de lui donner sa caméra de marque Sony avec qui il a pu filmer pendant quelques secondes l'objet volant. Celui-ci a d'ailleurs très vite disparu derrière les nuages. Il a indiqué avoir consulté un site web dédié à l'Ufologie le lendemain et s'est rendu compte qu'un objet similaire avait été filmé en Écosse le même jour.

Le **7 juillet 2014,** depuis le balcon de leur maison, un homme et son fils ont aperçu un objet qui émettait des lumières multicolores, beaucoup plus brillantes que celles émises par les avions. Ils ne purent distinguer la forme de l'objet à cause de la luminosité. Ils auraient conclu qu'il s'agissait d'un avion s'il ne s'était pas arrêté en plein vol avant de commencer à tourner sur lui-même et à faire deux cercles, puis il est resté immobile en plein vol pendant une ou deux secondes, après quoi il a filé dans une autre direction à la vitesse de l'éclair et a disparu.

Soudan du Sud

Le plus jeune État d'Afrique a connu un triste passé fait de guerres et de multiples massacres. Dans ce contexte chaotique, les témoignages d'Ovnis sont pourtant nombreux.

Les témoignages du Dr Garbong

Le Dr Riek Garbong qui fut l'un des généraux de l'armée de libération du Soudan a rapporté qu'en 1962, alors qu'il avait 7 ans, et qu'il faisait la queue devant l'école avec d'autres de ses camarades. Un gigantesque appareil volant non identifié est apparu dans le ciel. Il avait une forme ronde et était de couleur rouge. L'appareil était très lumineux. Pris de panique, le docteur Garbong et ses camarades se sont alors mis à pleurer. Les enseignants qui semblaient aussi paniqués essayaient sans vraiment y arriver de les calmer.

Le même docteur Riek Garbong, a indiqué que sa grand-mère lui avait dit qu'un jour, alors que les villageois étaient à la clairière, un appareil étrange est apparu dans le ciel, puis après avoir volé de gauche à droite, l'ovni est tombé et s'est écrasé. Cet incident a sûrement eu lieu au début des années 1900 ou à la fin des années 1800. La population a pris la fuite et beaucoup ont estimé qu'il s'agissait d'une divinité. Après quoi, des vaches ont été sacrifiées pour calmer, ce qui était pour une partie des anciens, un signe de la colère des dieux. Le sort des débris de l'Ovni n'est pas connu.

D'autres observations au Soudan du Sud

Alors que les troupes rebelles du sud Soudan étaient en train de préparer une attaque contre les troupes loyalistes près de la frontière ougandaise, un ovni aurait été observé dans les villes de Gambela et de Moyo. Plusieurs personnes affirment avoir vu quelque chose de très brillant se déplacer dans le ciel à une vitesse extraordinaire. Le Dr. Riek Garbong a déclaré qu'il se trouvait à l'époque dans la localité de Kapoita, et qu'il avait aussi remarqué l'ovni qui se déplaçait à une très grande vitesse. L'objet a volé pendant un temps avant de s'arrêter soudainement pendant quelques minutes, puis de disparaître à l'horizon.

En juin 1991, alors que l'armée de libération du soudan du Sud tentait de s'emparer de la ville de Juba, un objet volant de forme cylindrique allongé a été aperçu dans le ciel vers 19h00. Il se déplaçait du sud-ouest vers le nord-est en volant d'une façon étrange. Les témoins affirment que les couleurs de l'appareil changeait constamment de couleur et qu'une flamme rouge sortait de l'arrière. Au cours de la même année, au-dessus d'Arewara, un célèbre village se trouvant à 300 km au sud de Juba, non loin de la frontière Ougandaise, et abritant un grand marché, le même appareil volant non identifié a été identifié.

Soudan

Comme au Soudan du Sud, plusieurs cas d'observation d'ovnis ont été rapportés au Soudan.

Le **1 janvier 1961**, un objet en forme de disque a été observé par plusieurs témoins à Khartoum en pleine journée.

Dans **les années 1970,** à l'intérieur des Monts Nouba qui se trouve actuellement dans l'État du Sud Kordofan, une jeune femme de treize ans a indiqué qu'elle s'était rendue à un rassemblement culturel de jeunes pour danser au cours d'une nuit de pleine lune lorsque, soudain un énorme vaisseau est apparu au dessus de leur tête. L'Ovni est resté immobile pendant un long moment. Il avait une forme ronde et reflétait plusieurs couleurs. Évidemment la panique a pris le pas sur la curiosité et toutes les personnes présentes se sont enfuies.

Un peu plus tôt, dans la ville de **Zalinge, au Darfour, en 1961**, Ahmad Alhag, un élève de l'école primaire a indiqué qu'un matin, vers 10h00-11h00, alors que les gens étaient au marché, un énorme objet ressemblant à un cylindre, mais avec une tête triangulaire est apparu dans le ciel puis s'est dirigé vers la ville à une très basse altitude et avec une vitesse très élevée provoquant la panique des habitants. Selon le témoin, l'appareil volant s'est brusquement subdivisé en huit ou neuf petits objets en forme de triangle dont chacun mesurait environ sept mètres. Ces Ovnis sont descendus au-dessus des arbres. Ahmad Alhag, qui ne savait pas à quel type de technologie il avait à faire, est parti se réfugier sous le lit pendant plus d'une heure. Lorsqu'il est ressorti, aucun débris ne jonchait le sol. Certaines personnes ont affirmé que les ovnis s'étaient de nouveau réunis avant de disparaître à l'horizon. Plus de 50 ans après l'incident de la ville de Zalinge, **en janvier 2018**, un Ovni a été signalé dans le ciel de Khartoum. L'objet très lumineux se déplaçait lentement vers le sud, entouré d'une lumière verte rayonnante et a été visible pendant 3 minutes. L'ovni est apparu sur les radar de l'armée soudanaise et les officiers ont indiqué qu'il s'agissait sûrement d'un satellite dont le lancement a échoué. Cette explication a laissé de nombreuses personnes sceptiques.

Somalie

La Somalie est un pays de la corne de l'Afrique qui est ravagé par un conflit tribal depuis plus de 30 ans. Pourtant dans ce pays, on signale quelques apparitions d'ovnis.

Le **15 mai 1980**, un témoin a affirmé avoir vu une formation de lumières rouges et dorées en provenance d'une chaîne de montagnes à proximité de l'endroit où l'Océan Indien rencontre la Mer Rouge. Quand ces objets ont atteint le centre de la chaîne de montagnes, leur vitesse a ralenti et ils se sont déplacés dans le sens inverse des aiguilles d'une montre pendant environ vingt minutes. Après quoi, ils seraient montés immédiatement au ciel en ligne verticale, donnant l'impression d'être des serpents géants. Le témoin a indiqué qu'à l'époque des faits, il était un élève et que les autres témoins lui ont conseillé de toucher un objet en métal car c'était la seule façon de se protéger contre ces ovnis. Cette étrange croyance nous fait penser que les habitants de cette partie de la Somalie avaient l'habitude de voir ces étranges lumières.

Le **15 février 1982**, la police somalienne a affirmé qu'un objet volant en forme de Cigarz a survolé le pays.

Sur un célèbre site internet dédié aux informations du pays, un témoignage a été posté le **3 septembre 2023** par un utilisateur ayant pour surnom SamaleeCuschite.

Ce personnage dont le sexe nous est inconnu a déclaré que sa grande-mère maternelle lui aurait raconté qu'alors qu'elle était encore un enfant au début des années 50, elle et ses amis avaient aperçu des humanoïdes à l'allure étrange très tôt le matin près de la broussaille de leurs villages. Alors qu'elles allaient alerter le village de la présence de ces étranges visiteurs, les humanoïdes avaient disparu. SamaleeCuschite affirme que trois des amies de sa grande mère qui sont encore en vie racontent la même histoire. Pour ce somalien, la description que sa grande-mère et ses amies font de ces êtres ressemble beaucoup à celle des petits gris qui sont une race extraterrestre dont parlent beaucoup de témoins.

Dans les propos de SamaleeCuschite, il n'est pas fait mention d'un quelconque vaisseau.

Un peu plus tôt, **en 1996**, alors que la Somalie était en pleine guerre civile, une partie du territoire du nom de Somaliland a fait sécession et proclamé son indépendance et était parvenu à conserver une certaine stabilité. Des archives déclassifiées par la CIA font mention d'une étrange explosion dans une région éloignée et difficile d'accès de cette république autoproclamée. Le président du Somaliland de l'époque, Mohamed Egal a indiqué qu'il avait dépêché une équipe de médecins et de ministres sur place après avoir eu vent de l'explosion et que ces derniers avaient indiqué que les animaux et les hommes vivant dans la zone où l'explosion de l'objet volant non identifié avait eu lieu semblaient toujours sous le choc et paraissaient déments. Certaines personnes présentaient des signes d'éruptions cutanées, tandis que d'autres avaient des douleurs très fortes à l'estomac.

Mohamed Egal a déclaré à l'agent de la CIA Timothy Ecott, que les habitant des villages concernés affirment n'avoir entendu aucun bruit mais juste une sourde explosion suivit d'une forte lumière et que la zone d'explosion était tellement grande que l'armée n'a pas pu faire les investigations nécessaires pour récupérer des débris. Selon le président du Somaliland, il s'agirait sûrement d'un missile supersonique tiré par erreur. Mais au vu de la confusion qui règne au sujet de cet incident, l'hypothèse d'un ovni ne peut être totalement écartée.

En mars 2007, plusieurs sites et forums Somalien ont fait état de l'atterrissage d'un objet volant non identifié dans une zone rurale proche de la ville de Buulo-Burde situé à 220 km au nord de Mogadiscio. Selon les témoins, le gros engin qui n'était pas un avion aurait survolé la localité pendant un temps avant d'atterrir dans un vacarme. L'appareil qui est resté pendant quelques jours sur place scintillait à la lumière du soleil et s'illuminait la nuit. Ses occupants qui n'ont pas dévoilé leur identité s'adressaient une fois la nuit tombée dans une langue étrange aux populations du village. Le fait qu'aucune photo n'ait été prise fait dire à beaucoup de personnes qu'il s'agit d'un canular. Mais, il ne faut pas oublier qu'en 2007, peu de gens étaient censés avoir des smartphones dotés d'appareils photos dans les zones reculées de la Somalie.

En juillet 2020, une vidéo supposée montrer un ovni dans le ciel de Mogadiscio en pleine journée a été postée sur YouTube. La vidéo montre un point lumineux sous forme de cercle blanc dans le ciel. L'appareil a été observé par un grand nombre de personnes. Il ne s'est pas rapproché du sol et a fini par disparaître des regards.

Sierra-Léone

Nous n'avons noté aucun rapport d'observation d'ovnis en Sierra-Léone

Seychelles

Les Seychelles sont l'une des principales destinations touristiques d'Afrique. Le pays est célèbre pour ses magnifiques plages et pour sa culture métissée. Et le moins qu'on puisse dire est que les extraterrestres trouvent aussi un intérêt à venir visiter cette île.

Le **1 avril 1973**, une personne participant au World Campus Afloat a observé un étrange appareil circulant dans l'eau. C'est l'un des rares cas d'appareils marins non identifiés signalés en Afrique. Le témoin affirme qu'il a pu observer en même temps que plusieurs autres personnes une ombre sombre et silencieuse se déplaçant dans l'eau. Il assure avoir bien observé le ciel et s'est rendu compte qu'il ne s'agissait pas d'une ombre venant d'en haut, mais bel et bien d'un objet marin se déplaçant dans l'eau. L'objet s'est déplacé à grande vitesse autour du port des îles Seychelles. Il mesurait approximativement entre 4 et 5 mètres de long et n'a pas troublé l'eau durant son déplacement. L'allure de l'objet dépassait de loin celle de n'importe quel animal aquatique ou d'un sous-marin. 5 ans après l'observation de l'objet marin non identifié, un témoin a rapporté avoir observé une activité étrange dans le ciel des Seychelles.

Nous sommes le **2 janvier 1978** et le témoin affirme avoir vu l'objet en compagnie, de sa mère, de plusieurs de ses amis et de sa sœur ainsi que du petit ami de celle-ci. Il affirme qu'au début, l'objet est apparu comme une formation triangulaire de lumières verdâtres brillantes. Chacun des triangles émettait un trait de lumière. Les arbres et les lumières en dessous étaient clairement visibles, comme si l'engin était transparent ou qu'il s'agissait d'une formation de petits engins volant ensemble. L'Ovni n'a émis aucun son et s'est déplacé lentement le long de la vallée avant de s'élever puis de se rétrécir en un seul point. Il s'est ensuite éloigné à une vitesse incroyable et a disparu en quelques secondes. Les lumières émises par l'Ovni ressemblaient à des flammes. Selon le témoin ayant rapporté l'apparition, cette même nuit du 2 janvier 1978, l'appareil volant non identifié a été aperçu à plusieurs autres endroits au-dessus de Port Mahé, la capitale des Seychelles, et de la mer environnante. Mais les descriptions étaient quelque peu divergentes. Ainsi, les personnes qui l'ont aperçu au-dessus de l'aéroport, ont décrit un engin en forme de disque avec des lumières tout autour. Quant à la station de repérage, elle a indiqué que l'ovni était un cylindre de lumières. Enfin, les personnes vivant dans les environs de la mer ont indiqué qu'il s'agissait d'une sphère de lumière planant au-dessus de l'océan. À cause de la différence entre les descriptions, nous pouvons supposer qu'il s'agissait de plusieurs ovnis différents. Toutefois, tous les témoignages sont unanimes sur le fait que ces objets volants n'émettaient aucun bruit.

En février 2019, un jeune couple s'est rendu à la plage et est resté jusque tard dans la nuit pour observer les étoiles et des satellites. Ils ont observé à partir d'un moment des lumières étranges qui n'étaient liées ni aux satellites, ni à des avions, ni à des bateaux, ni à quoi que ce soit d'autres dont l'humanité a connaissance. L'homme se rendit très vite compte que sur un cliché, il y avait quelque chose d'étrange. Il s'agissait d'une lumière blanche en ligne droite qui se trouvait toute proche de la lune.

Sénégal

Le Sénégal est un pays d'Afrique de l'Ouest qui joua un rôle important lors de la colonisation française. Et à partir de cette période, plusieurs cas d'observations d'ovnis ont été signalés. Le premier cas remonte **en 1945**, quelque temps après la fin de la seconde guerre mondiale. Un pilote d'avion qui était en route vers le Maroc a rapporté avoir observé un objet en forme de disque, brillant comme de l'aluminium volé à une distance comprise entre 8 et 15 kilomètres de son appareil.

Le **3 juillet 1952**, une autre observation d'ovni a été faite au Sénégal. Les témoins ont décrit une soucoupe volante qui survolait l'espace aérien au-dessus de Dakar à 6h08. La soucoupe a été décrite comme étant plate et effilée. Elle volait à une très grande vitesse et était entourée de flammes. Selon beaucoup de témoins, elle se dirigeait vers le sud et cachait les étoiles sur son passage.

Au mois d'**octobre 1974,** un inspecteur de la police de Dakar et sa femme ont affirmé avoir vu un étrange objet volant de forme conique descendre dans une cour boisée situé non loin de leur maison. L'objet qui semblait glisser sur le sol a commencé par se rapprocher du policier qui prit de panique à tirer un coup de feu. Immédiatement l'ovni a rebondi dans les airs et s'est éloigné à grande vitesse.

Mais au Sénégal, l'évocation du mot Ovni est aussi synonyme de désolation. Pour comprendre pourquoi, nous allons parler des tristes événements de Baridiane et de Keur Amadou Matar.

Tout s'est passé en **septembre 1980** plus précisément le 9 septembre aux alentours de 19 heures. Les habitants de Baridiane, un village dont le nom signifie la paix à profusion en wolof, se préparent tranquillement pour la prière du Maghrib. C'est alors qu'un objet volant non identifié en forme de cigare va venir troubler leurs quiétudes.

Les villageois ont indiqué que l'ovni qui s'était rapproché dangereusement des maisons, mesurait environ 28 mètres. La vive allure à laquelle il se déplaçait a provoqué la formation d'un tourbillon qui a emporté la toiture des maisons. Les murs en ciment ont été renversés, les cases ont été complètement détruites et les arbres arrachés du sol. L'ovni dégageait des flammes et émettait une fumée blanche. Les habitants du village ont ensuite indiqué qu'après le passage de l'ovni l'eau se trouvant dans les jarres était devenue tellement chaude que personne ne pouvait la boire. Au total, ce sont 32 maisons qui ont été détruites lors de cet incident. Le vaisseau qui n'appartient pas à l'évidence à notre monde et qui semblait avoir perdu le contrôle a finalement pu se ressaisir et ne s'est pas écrasé. Il est remonté dans les airs et a disparu. Ce qui s'est passé à Baridiame a été abondamment repris par la presse locale. Heureusement aucune perte en vie humaine n'a été signalée.

En **septembre 2002,** dans la localité de Mbour, aux alentours de minuit, un homme qui semblait de passage dans la ville observait le ciel sur l'Océan Atlantique en compagnie de sa petite amie. Il a déclaré avoir remarqué subitement dans le ciel un point lumineux se déplaçant lentement et régulièrement du nord au sud, au-dessus de ma tête. Après quelques secondes l'appareil s'est soudainement arrêté puis a commencé à se déplacer rapidement et de manière erratique dans une petite zone près de l'endroit où il s'était arrêté. Alors que le témoin observait avec sidération le ciel, l'ovni a décollé à une très grande vitesse et a disparu dans le ciel. L'observation de ce témoin est similaire à celle que nous avions faite un an plus tard en 2003 et dont nous avons parlé dans l'introduction de cet ouvrage. Le témoin a assuré qu'il était un astronome amateur et qu'il avait passé des centaines d'heures à observer au télescope, à la jumelle et à l'œil nu le ciel. Ainsi, il a assuré qu'aucun phénomène astronomique, aéronautique et atmosphérique ne peut expliquer cette observation. Il a ajouté qu'il ne croyait pas aux ovnis avant cet incident.

Au mois d'**avril 2003,** un sénégalais a indiqué avoir observé au petit matin (intervalle minuit - 3 heures du matin), un appareil volant étrange qui était aussi grand que le soleil. L'appareil émettait beaucoup de lumière au cours de son déplacement ainsi que du bruit. La lumière était très forte.

Un autre témoignage intéressant d'observation d'ovni nous vient du Sénégal. Le **vendredi 26 août 2016** vers 17h45, le témoin, un ingénieur télécom, était en compagnie d'autres ingénieurs. Ensemble, ils essayaient de déterminer l'endroit idéal pour la construction d'une tour de relais. Il a donc décidé de prendre des photos pour avoir une vue panoramique en vue de réaliser des analyses ultérieures. Sur le champ, l'ingénieur n'a rien remarqué d'étrange. Mais après, il a constaté que sur certaines prises, un objet volant ressemblait vaguement à un disque ou à un ballon se trouvait derrière lui. Les photos ont été prises sur la rouge de Kedougou, une localité du Sénégal.

São Tomé-et-Principe

Aucune observation d'ovni n'a été signalée sur l'archipel de São Tomé-et-Principe.

Rwanda

Aucune observation d'ovni n'a été signalée au Rwanda.

Ouganda

Plusieurs cas d'observation d'ovni ont été signalés en Ouganda.

Le premier cas a été rapporté par le **président Idi Amin Dada en 1973**. Au cours de cette année, le chef de l'État Ougandais a déclaré avoir vu un objet volant spectaculaire de très grande taille et recouvert d'une sorte de fumée. L'objet a plané au-dessus du lac Victoria pendant un bon moment puis s'est arrêté sur l'eau avant de s'envoler doucement comme une fusée. Selon le président **Idi Amin,** l'objet est resté sur l'eau pendant environ sept minutes et a disparu peu après son décollage.

Le **15 janvier 1995**, aux environs de une heure du matin, un témoin affirme avoir aperçu dans le ciel ce qui semblait à première vue être une météorite. Mais il se rendit très vite compte qu'il s'était trompé. La lumière brillante s'est transformée rapidement en un énorme objet cylindrique. Une lumière extrêmement brillante émanait d'un énorme hublot dans l'hémisphère avant et il a pu distinguer clairement quatre ou six autres hublots s'étendant le long des côtés du vaisseau spatial. Vers l'arrière, les lumières devenaient plus faibles. Le corps de l'objet était brillant et argenté. Il nota cinq bandes de lumières rouges intenses, émergeant de la partie centrale du vaisseau vers l'extrémité, où elles se mêlaient à une énorme et intense lumière rouge qui émergeait de l'hémisphère arrière et qui semblait s'étendre sur toute la longueur du vaisseau. L'ovni n'émettait aucun bruit et volait à une altitude de 1500 à 2000 mètres. Il a survolé toute la ville de Kampala, la capitale Ougandaise, avant de disparaître dans les nuages. Lorsqu'il a partagé son expérience avec les gens de son entourage, le témoin a appris que deux semaines auparavant le voisin d'un de ses amis avait vu le même appareil volant. Les pilotes de cet ovni s'intéressaient visiblement beaucoup à l'Ouganda.

Le **15 avril 1999**, un travailleur humanitaire a déclaré avoir aperçu un objet lumineux planer à l'horizon. L'ovni a ensuite accéléré à une folle vitesse et affichait une trajectoire très complexe. Il a déclaré avoir vu le même ovni durant trois nuits consécutives aux alentours de 21 heures. Les habitants de la localité ne semblaient pas surpris et déclarèrent qu'il s'agissait d'un esprit.

Le **26 août 2012**, un témoin a indiqué qu'aux environs de 3h50 du matin il a remarqué un objet étrange dans le ciel. Il croyait qu'il s'agissait d'un avion jusqu'à ce que quelque chose d'étrange ne se produise. L'ovni s'est arrêté et a commencé par descendre. Il s'est ensuite aligné entre deux étoiles. Il semblait avoir une forme triangulaire et émettait la lumière de trois zones distinctes. Il affirme avoir pris une photo qu'il a ensuite zoomée. L'ovni avait vaguement la forme d'un navire. Sur les photos, les étoiles se trouvant à côté de l'appareil n'étaient plus visibles.

Nigéria

Le Nigéria est l'un des pays les plus religieux du continent africain. Dans ce pays, les observations d'ovnis sont souvent attribuées à des manifestations divines ou diaboliques. Néanmoins sur certains forums, nous avons pu trouver des témoignages intéressants et qui doivent nous interpeller sur l'existence de civilisations extraterrestres.

En 2004, dans l'État d'Adamawa au nord du Nigéria, un jeune homme s'est réveillé à 3 heures du matin pour mettre en marche le générateur à cause d'une coupure d'électricité. À sa sortie, il affirme avoir remarqué que toute la ville était plongée dans l'obscurité. Cela lui a paru étrange parce que les générateurs automatiques installés dans certaines maisons prenaient systématiquement le relais. Son aide-ménager lui a alors dit qu'il se chargeait de mettre en marche le générateur. C'est alors qu'il a remarqué la présence dans le ciel de neuf boules de lumières fluorescentes. Ces ovnis volaient en formation delta ou en V. Ils planaient silencieusement dans le ciel, s'inclinaient vers la gauche et se dirigeaient lentement vers l'horizon. Ils ont ensuite pris la direction des chaînes de montagne de Mandara puis ont disparu.

Un autre témoin affirme qu'entre **1994 et 1995**, dans son enfance (8 ou 9 ans) alors qu'il était dans l'État d'Abia au sud du Nigéria, il rentrait à la maison aux environs de 23 heures, lorsqu'une lumière rouge très brillante est apparue dans le ciel. L'appareil ne produisait aucun son comme un avion. La lumière était si forte qu'il était possible de voir littéralement les ombres des maisons et celles des arbres bouger sur le sol. L'objet s'est déplacé très lentement avant de disparaître à l'horizon.

Le **15 juillet 1991**, un témoin a affirmé qu'au environ de 20 heures 30 dans la ville de Maiduguri, par une nuit étoilée très claire son attention a été attirée par un avion de ligne qui passait au-dessus de lui. C'est alors qu'une chose étrange se produisit. Tandis qu'il regardait les stroboscopes de l'avion clignoter, un objet volant non identifié qui ressemblait à une étoile mais qui ne scintillait pas est soudain apparu à une certaine distance derrière l'avion. Cet objet s'est ensuite rapproché très rapidement de l'avion et s'est arrêté juste derrière lui, puis il a commencé à se déplacer d'un côté à l'autre, comme s'il l'étudiait. Il reculait brusquement, puis avançait soudainement, mais ne dépassait jamais l'avion. La trajectoire de vol n'était clairement pas celle d'un avion ou d'un aéronef conventionnel.

Le **25 mai 1994**, dans la ville de Nbawsi située dans l'État d'Abia au Nigéria, un adolescent a indiqué avoir vu une lumière rouge brillant dans le ciel. L'ovni est resté longtemps dans le ciel sans se déplacer avant de disparaître à l'horizon.

Le **28 janvier** de la même année à Akuré dans l'État fédéré d'Ondo, aux alentours de 21 heures un jeune homme se trouvait à côté de sa voiture devant la maison d'un ami à lui, lorsqu'il a accidentellement levé les yeux vers le ciel et a vu un énorme vaisseau en forme de soucoupe qui se déplaçait horizontalement à faible vitesse. Le vaisseau émettait des ondes lumineuses qui le suivaient sur les côtés, mais qui se rejoignaient comme une queue à l'arrière, et qui s'estompaient au fur et à mesure que l'objet se déplaçait. Le vaisseau possédait des fenêtres très lumineuses, disposées comme sur un navire à deux ponts. Après quelques secondes l'ovni s'est soudain élancé verticalement à une vitesse fulgurante avant de disparaître dans le ciel. Le témoin affirme avoir été saisi d'effroi car il sentait que les occupants du vaisseau l'observaient.

Le **25 août 2004**, une publication assez atypique et qui est pourtant passée inaperçue a été faite sur un forum. Il s'agit d'un ovni qui se serait écrasé sur la plage de Lagos au Nigéria. Le témoin est un homme qui, alors qu'il se relaxait au bord de la mer, a vu un engin de forme circulaire le survoler et s'écraser un peu plus loin. Il a alors rapporté le cas à l'autorité de l'aviation du Nigéria. Mais le monsieur n'a pas été pris au sérieux. Nous n'avons pas pu trouver d'autres informations au sujet de ce crash.

Le **1er mai 2008**, à Lagos, vers 20 heures un couple était en train de retourner chez lui lorsque l'homme a vu deux objets en forme de disque ovale et à l'aspect argenté se déplacer dans le ciel. Les deux ovnis s'agitaient, mais l'un d'entre eux était plus actif que l'autre. Les voisins du couple ont confié à ce dernier avoir eu la même vision.

Le **27 février 2009**, une passionnée d'astronomie vivant à Lagos montrait à sa famille le croissant de lune ainsi que Vénus lorsque subitement une étoile très brillante est apparue sur le côté gauche parallèlement à la lune. L'ovni était d'une couleur dorée/blanche et est resté pendant un temps en vol stationnaire comme une énorme étoile. Puis il a soudainement commencé à se déplacer très rapidement vers la gauche et a parcouru une très courte distance horizontalement. Il a alors donné l'impression de gonfler et d'avoir une teinte verdâtre puis il s'est soudainement arrêté et a disparu comme il est apparu.

Le **15 janvier 2010** une personne en séjour d'affaires au Nigeria s'est retrouvée dans un bâtiment situé dans la rue Ogundana dans le célèbre quartier d'Ikeja à Lagos. Il était environ 11 heures du matin et le ciel était partiellement couvert même s'il ne pleuvait pas. En levant la tête vers le ciel, le témoin a vu un objet sphérique au-dessus de sa tête. L'objet était immobile entre les différentes couches de nuages. Le fait qu'il ne bougeait pas d'un seul pouce a beaucoup intrigué le témoin. La couleur était uniformément marron foncé, mais il présentait un certain nombre de tâches rectangulaires noires sur sa surface. Ces tâches étaient de dimensions différentes et se trouvaient à divers niveaux de la surface, mais elles étaient toutes disposées horizontalement, comme les fenêtres d'un grand bâtiment. Cependant le témoin a affirmé qu'elles ne ressemblaient pas vraiment à des fenêtres, mais plutôt à des surfaces d'un noir pur. Les bords de ces surfaces étaient clairement définis, tout comme l'objet entier dans le ciel. L'ensemble était très clairement visible en plein jour. L'appareil se trouvait à environ un kilomètre du ciel. L'ovni n'émettait aucun son, les autres témoins ont dit qu'ils n'avaient jamais rien vu de tel auparavant. Après une vingtaine de minutes, l'ovni a disparu.

Dans la ville d'Ibanda, le **23 avril 2011**, un jeune homme a affirmé avoir remarqué un objet volant non identifié qui allait et venait dans le ciel avec une trajectoire étrange. L'objet scintillait en blanc et a disparu quelques minutes après.

À Abuja, le **4 janvier 2014** aux alentours de 23 heures, un jeune homme a indiqué qu'alors qu'il naviguait sur internet avec son smartphone à la devanture de sa maison, il a brusquement senti un malaise et l'écran de son téléphone s'est mis à trembler. Il a alors levé les yeux et a vu un objet noir triangulaire et très silencieux dans le ciel. Selon le témoin, l'appareil est resté 3 minutes au-dessus de sa tête avant de s'élever dans les airs et de disparaître. Lorsqu'il est retourné à l'intérieur, les autres occupants de la maison lui ont demandé où est-ce qu'il était passé pendant **45 minutes. Il assure n'avoir passé que 5 minutes à l'extérieur de sa maison.**

Le **15 mai 2015**, dans l'État Fédéré d'Uyo, un témoin a affirmé avoir aperçu une lumière clignotante se déplaçant à très basse altitude et volant aussi vite qu'un hélicoptère d'attaque aux alentours de 23 heures. L'appareil a été aperçu pendant quelques minutes avant de disparaître.

En mars 2011 un étrange cas d'observation d'ovni a été signalé au Nigéria dans le petit village de Dulali situé dans l'État de Bauchi. La quasi-totalité des habitants de ce village, plusieurs centaines de personnes au total, ont affirmé avoir vu une lumière brillante apparaître dans le ciel immédiatement après la prière du matin à la mosquée locale. Alors qu'ils se demandaient de quoi il pouvait s'agir, une énorme ville qui semblait voler ou flotter est apparue devant eux. Plusieurs témoins ont affirmé avoir vu des bâtiments à l'intérieur de la ville et entendu des sons notamment des bruits de machines. Personne n'a toutefois indiqué avoir vu des créatures humanoïdes ou non circuler dans la ville. Les musulmans du village étaient convaincus qu'il s'agissait d'une ville habitée par les Djinns (les créatures de feu mentionnées dans le Coran). Les chrétiens ont cru de leurs côtés avoir vu la Jérusalem Céleste. Aucun témoin n'a parlé d'une civilisation extraterrestre.

Dans l'État de Kaduna au Nigéria, le **8 septembre 2015** un objet volant non identifié est apparu dans la ville et plusieurs personnes l'ont observé alors qu'il planait et brillait. Immédiatement les religieux ont indiqué qu'il s'agissait d'un signe divin. Les gens se sont rassemblés pour prier. La majorité était convaincue qu'il s'agissait de la Vierge Marie. La vidéo a été largement diffusée dans les plateformes digitales appartenant aux églises et présentée par certains comme une preuve de la grandeur de la Vierge Marie, mère de Dieu.

Le **19 janvier 2019,** dans l'État d'Enugu au Nigéria, un témoin affirme avoir vu une petite lumière blanche dans le ciel. La lumière se déplaçait plus vite qu'un avion et l'objet volait à basse altitude. Elle ne scintillait pas et ne produisait aucun son. Brusquement, elle s'est arrêtée avant de se déplacer brusquement puis de disparaître à vive allure à l'horizon.

Niger

Nous avons très peu de témoignages concernant des observations d'ovnis au Niger. Dans ce pays à majorité musulman ou l'école coranique est obligatoire et le cursus académique facultatif, il ne fait pas de doute que les apparitions d'ovnis sont généralement attribuées à des Djinns (les créatures de feu mentionnées dans le Coran). Néanmoins, les témoignages d'apparition d'objets volants non identifiés abondent au sein de la population d'Agadez, une ville située en plein cœur du désert. Nous n'avons pas les détails de ces différents témoignages. Toutefois, dans la nuit du **31 décembre 2019 au 1er janvier 2020,** alors que l'humanité était en pleine lutte contre le coronavirus, un appareil volant non identifié s'est écrasé entre Tanout (région de zinder) et Aderbissinat une localité située région d'Agadez. Le crash a eu lieu aux environs de 22 heures, un bruit assourdissant suivi d'une forte lumière a été rapporté. Le lendemain, des tribus nomades ont indiqué avoir découvert un objet métallique non identifié tombé non loin de leur campement. Des militaires nigériens se sont rendus sur les lieux. Les résultats de l'enquête n'ont pas été publiés.

Le deuxième cas liés à une activité extraterrestre qui a été signalé au Niger est assez étrange et pourrait être un canular. Voici les faits. **Le 6 août 2015**, à 17 heures précise, un nommé Abdoul décide de prendre en photo son ami Nassar devant la mosquée du petit village rural d'Issoufari au Niger. Lorsqu'il regarde la photo après, il se rend compte qu'à côté de son ami Nassar, se tient ce qui ressemble à une entité extraterrestre. La créature fait environ 1 mètre de haut et semble vibrer en se tenant debout.

Namibie

Voisine de l'Afrique du Sud (le pays avec le plus grand nombre de rapport d'observation d'ovnis en Afrique), la Namibie ne semble pas toutefois être autant visitée par nos voisins des autres planètes. Des cas d'observations d'ovnis intéressants ont été toutefois signalés dans ce pays.

Le **16 août 1976**, un étrange phénomène a été observé dans le ciel de la région de Walvis Bay vers 6h30. L'objet qui est resté visible pour beaucoup de témoins durant une heure ressemblait à un disque d'où s'échappait par les ouvertures inférieures des flammes ou des extensions lumineuses qui brillaient très fort et projetaient des espèces d'étincelles. L'ovni après avoir plané longtemps a fini par disparaître dans les cieux. Quelques semaines avant cette observation, des pêcheurs avaient rapporté avoir vu la même chose mais personne ne les avait crus.

Le **26 avril 1985**, dans la localité de Gomoab, un objet lumineux a été aperçu au-dessus d'une ferme par plusieurs témoins. Le lendemain, un puits de 15 mètres situé dans ladite ferme et qui était rempli d'eau la veille s'était totalement asséché. Les extraterrestres avaient peut-être très soif.

En mai 2009, un propriétaire de bar à Windhoek, sorti sur le parking de son établissement pour prendre un peu d'air. Le ciel était extrêmement clair et il aperçut un objet aussi brillant qu'une boule de feu, avec une lumière rouge au-dessus. L'objet s'est déplacé d'Est en Ouest et a plané au-dessus du parking pendant plus de 10 minutes. Le témoin a assuré que l'ovni n'émettait aucune flamme. Il a fait sortir les clients du bar qui étaient au nombre de 18 et tous ont vu la même chose que lui. Le témoin a aussi appelé l'aéroport de la ville qui a indiqué qu'il n'y a avait aucune activité aérienne à cette heure selon son programme.

Le **20 avril 2016**, les élèves de l'école combinée d'Onangwe ont été distraits par l'apparition d'un ovni lors de leur rassemblement matinal à 7h40. Le directeur, Pius Ashipala, a indiqué que tous les élèves observaient un gros objet blanc dans le ciel. A priori, cet appareil ressemblait à un avion, mais au fur et à mesure qu'il s'enfonçait dans le ciel, il devenait plus petit. L'objet se déplaçait vers le sud. Le même ovni a été observé à la frontière angolaise. L'appareil a fini par disparaître en s'enfonçant dans les nuages.

Mozambique

Le Mozambique est un autre pays d'Afrique australe qui a été le théâtre de plusieurs apparitions d'ovni intéressantes.

Nous sommes dans la nuit du **30 juin 1947**, le caboteur Landovery Castle passait par la côte du Mozambique pour se rendre dans la ville du Cap, en Afrique du Sud. À 23 heures, alors que le ciel était sans lune et parsemée d'étoiles, une des passagères, Mme A.M. King fait une étrange observation. Elle remarque que quelque chose de noir et de gigantesque se rapproche du navire et cache les étoiles par son ombre. Elle signale son observation au capitaine et rapidement 9 passagers et 3 officiers du navire sortent sur le quai. Lorsque l'objet est arrivé à proximité du bateau, il a ralenti pour atteindre la vitesse du navire et l'a suivi, tout en se tenant à l'écart. Après un moment, le capitaine a braqué un puissant projecteur sur l'eau, et l'objet a pu être vu très clairement dans la lumière reflétée par l'eau,

Mme King l'a décrit comme un gigantesque véhicule en acier ayant la forme d'un cigare. Il était au moins quatre fois plus long que le caboteur Landovery castle et quatre fois plus haut. Il affichait une hauteur de 7 mètres au-dessus de la surface de l'eau. L'objet mesurait environ 300 mètres de long. Il était fait d'un matériau si poli et si réfléchissant qu'il reflétait non seulement la lumière de l'arrière, mais aussi celle des étoiles. Il resta à quai pendant plusieurs minutes, sans émettre aucun son perceptible. Juste avant de disparaître, des flammes féroces jaillirent de l'arrière de l'étrange appareil et il prit une si grande vitesse qu'il s'engouffra dans l'horizon peu après sans faire de bruit.

Le **13 janvier 1967**, un disque volant a été observé par plusieurs personnes au-dessus de la ville de Beira. Il a disparu au bout de quelques secondes.

Le **9 janvier 1973**, toujours dans la ville de Beira, un disque volant émettant des lumières clignotantes rouges, vertes et blanches a été observé. Le **1er février de la même année**, un disque volant aurait poursuivi un avion pendant 20 minutes avant de disparaître dans les airs.

Le **1er juillet 2009**, entre 07h00 et 09h00, un photographe a pris une photo sur laquelle était visible deux formes triangulaires et sphériques de couleurs dorées. La forme sphérique semble être entourée d'un halo. Les images ont été prises dans le village de Tofo qui est un endroit isolé et totalement dépourvu de trafic aérien et de station météorologique.

Dans la nuit du **9 août 2020,** une grande lumière verte qui pulsait est apparue dans le ciel de Maputo. La lumière s'est ensuite déplacée vers la droite puis a subitement disparu.

Maurice

L'île Maurice est l'un des pays les plus développés du continent Africain et les progrès accomplis par ce pays semble bien intéresser les extraterrestres.

Ainsi, Le samedi **29 août 2009**, un témoin qui observait le coucher du soleil a subitement aperçu 7 objets étoilés se déplacer dans le ciel. Le 1er objet était au sud de la surface lunaire et l'a traversé en se déplaçant vers le nord. Les 6 autres objets se déplaçaient en ligne droite à l'exception du 6ème qui a fait un virage en U et a disparu. Les autres objets volants non identifiés ont été engloutis par l'horizon. Le témoin a contacté les services d'aviation du pays qui ont déclaré ne pas savoir de quoi il s'agit.

Le **7 octobre 2009**, à Port-Louis, la capitale de l'île Maurice, un homme qui rentrait chez lui à bord de sa voiture a aperçu une lumière orange inhabituelle dans le ciel aux alentours de 18 h 40. L'intensité de la lumière a attiré son attention. Il a ralenti la voiture et a continué à suivre la lumière tout en conduisant. L'appareil volait vers le sud et semblait grossir au fur et à mesure. Il a essayé en vain de distinguer la forme de l'Ovni qui s'est brusquement arrêté alors qu'il se trouvait à environ 700 mètres du sol. Il n'émettait aucun bruit. Après quelques minutes, il a commencé par reprendre de la hauteur avant d'accélérer brusquement et de disparaître en quelques secondes.

Le **17 février 2012**, une témoin vivant à Plaine Wilhems a aperçu un objet ressemblant à priori à une étoile filante et qui se dirigeait vers le sud. Mais l'étoile est restée trop longtemps dans le ciel avant de disparaître. La témoin affirme avoir vu juste après une autre étoile avec la même allure. Le lendemain, il s'est posté à la même heure (19 heure 30) cette fois-ci accompagné de ses enfants. Et la même scène s'est reproduite. La témoin a affirmé avoir vu les deux étoiles se suivre à vive allure dans le ciel pendant plusieurs jours.

Le **8 juillet 2013**, une personne promenait ses chiens à Goodland lorsqu'il remarqua une lumière rouge vif dans le ciel. L'objet se déplaçait à vive allure vers le nord et n'émettait aucun son. Le **29 septembre 2013**, vers 9 heures du soir, de nombreux habitants de l'île Maurice ont signalé l'apparition d'un objet volant blanc de forme circulaire et qui semblait briller à son centre. L'appareil a disparu après avoir passé quelques minutes dans le ciel.

Le **16 janvier 2016**, 3 objets volants ressemblant à des étoiles ont été observés dans le ciel de Maurice. Ils formaient un anneau blanc circulaire parfait, et se déplaçaient vers le haut puis ont disparu dans les nuages. Le **8 octobre 2017**, un employé de l'hôtel Shanty Maurice situé sur la côte sud-ouest de l'île a déclaré qu'en observant le ciel, il a aperçu un objet de forme carrée qui restait immobile dans le ciel très venteux. Il a d'abord pensé qu'il s'agissait d'un cerf-volant, mais s'est très vite rendu compte qu'un cerf volant ne pouvait pas rester immobile à une telle attitude avec autant de vent. Pour se convaincre qu'il ne s'agissait pas d'une hallucination, le témoin a demandé à un collègue de venir vérifier sa vision. Celui-ci a vu la même chose. Selon le témoin l'objet se serait mis à changer de forme puis s'est divisé en deux un peu comme le symbole chinois du yin et du yang. Un de ses voisins lui aurait dit à son retour à la maison qu'il a également vu l'objet volant en question.

Le **11 mai 2020**, dans la localité de Moka, après une dure journée, un homme était en train de se brosser les dents avant d'aller se coucher vers minuit lorsqu'il aperçut un très gros objet en forme de soucoupe. L'objet aurait disparu et serait réapparu dans le ciel à trois reprises. Des lumières blanches dorées entouraient le bord de l'appareil tandis que le tronc était de couleur bleue. Il a aussi déclaré qu'un contour argenté définissait la forme de l'objet. Il a fini par disparaître pour ne plus redevenir visible.

À partir de la date du **1er janvier 2022**, un habitant de l'île Maurice a été témoin de ce qui pourrait bien être la première visite des aliens sur la terre de cette année. Le témoin affirme avoir vu l'appareil volant trois fois sur plusieurs jours. La première fois, l'appareil était à environ 100 mètres du sol et émettait une très forte lumière. La seconde fois, il aurait atterri au pied d'une montagne. Pris de panique, le témoin aurait pris la fuite. La troisième fois, l'appareil aurait de nouveau atterri. Le témoin a pu moins l'observer et a indiqué qu'il avait une forme qui semblait être une combinaison du triangle et du cercle et possédait deux ouvertures vitrées. Le témoin affirme avoir vu deux créatures humanoïdes sortir de l'appareil. Ils étaient de grande taille avec une grosse tête ressemblant à un casque de cycliste. Juste en ce moment, le témoin affirme être tombé dans les pommes. À son réveil, les extraterrestres n'étaient plus là. 3 mois plus tard, il assure avoir revu le même vaisseau ainsi que ses occupants. Entre-temps, 5 propriétaires de chats ont signalé la disparition de leurs animaux dans les environs.

Le **10 mai 2023**, au environ de 20 heures, une personne affirme avoir vu une lumière flotter au-dessus de la mer. Selon lui, la lumière s'est déplacée plusieurs fois directement vers lui en faisant une rotation parfaite de 360 degrés. L'ovni est resté visible pendant 30 minutes avant de disparaître et de réapparaître. Lorsqu'il a tenté de filmer l'appareil, celui-ci a complètement disparu.

Mali

Au Mali les témoignages d'observations d'ovni sont rares. Depuis plus de 50 ans, aucune observation d'objet volant étrange n'a été signalée. Nous sommes toutefois sûr que régulièrement le ciel de ce pays est visité par d'étranges vaisseaux, mais ces phénomènes sont attribués à des Djinns ou à des créatures maléfiques et après avoir récité quelques sourates du Coran pour se protéger, les témoins continuent leur vie comme si de rien n'était.

À Tessalit en 1950, alors que le pays était sous domination française, une immense ombre circulaire a été aperçue non loin de l'aérodrome. Dans cette même ville, le **4 octobre 1951**, un gigantesque objet volant non identifié a été vu par des civils et six témoins militaires. L'appareil avait une apparence étrange et volait selon une trajectoire inhabituelle. Il est resté dans le ciel pendant plus d'une minute avant de foncer au-dessus des nuages.

Malawi

Au Malawi également, les cas d'observation d'ovni ne sont pas légion.

Néanmoins quelques observations intéressantes ont été rapportées dans ce pays. Le premier date du **10 août 1986**. Un groupe d'amis vivant à Blantyre se rendait à la tombée de la nuit au pub de l'hôtel pour prendre un verre. En tournant la tête pour voir l'endroit au bout de la rue, ils ont aperçu l'arrière d'une énorme voiture américaine qui était garée sur le côté. L'arrière de la voiture était recouvert de ce qui semblait être des feux de stationnement arrière ronds. Leur nombre était de 6 ou de 10. Alors que le groupe d'amis se demandait ce que cela pouvait bien être, ils ont remarqué que la voiture se déplaçait lentement et d'une façon verticale vers eux.

Ce qui semblait jusque-là être une voiture s'est ensuite élevée jusqu'à la cime des jacarandas qui bordaient la route de l'hôtel et a commencé à s'éloigner pour se diriger vers les bâtiments situés à l'autre bout de la rue. L'ovni volait à vive allure et passait à travers les arbres qui bordaient l'embranchement en T de cette route comme si les arbres n'étaient pas là. Puis une à une, les lumières se sont éteintes et l'objet a disparu. La vision aurait duré 3 minutes. Sous le choc, les amis ont renoncé à aller prendre un verre et sont retournés chez eux.

Le **11 avril 2023**, un témoin affirme avoir vu un ovni particulièrement brillant qui disparaissait puis réapparaissait et se déplaçait de gauche à droite d'une façon presque simultanée. L'appareil s'est arrêté pendant un temps et a pris rapidement de l'allure avant de s'éteindre définitivement.

Madagascar

Madagascar, la grande île semblent avoir suscité l'intérêt des visiteurs venus d'autres mondes à plusieurs reprises.

Ainsi le **1er juillet 1947**, un objet volant ayant environ 92 mètres de diamètre a été aperçu par plus de 5 personnes. Même si les témoins n'ont pas clairement décrit l'objet en question, ils ont indiqué que celui-ci ne ressemblait pas à un avion et volait à une vitesse extraordinaire. L'objet a été visible dans le ciel malgache pendant plus de 2 minutes avant de disparaître.

Le **16 août 1954** aux environs de 17 heures, une apparition d'ovni a stupéfié plus de 100 000 personnes à Antananarivo. À cette heure, le personnel de l'agence d'Air France attendait l'arrivée du courrier aérien, livré par un Lockheed Constellation. Une heure après l'arrivée du vol, le courrier avait déjà été distribué et les membres de l'agence Air France dont M. Edmond Campagnac, ancien militaire et à l'époque directeur technique d'Air France à Tananarive, discute avec son équipe près de l'avenue de la Libération, la plus grande rue de Tananarive. Il aperçoit soudain dans le ciel ce qu'il décrit comme une boule verte qui descend tout droit vers la rue, près du Palais de la Reine. Il la montre du doigt et tout le monde regarde. L'ovni disparaît un temps derrière une colline puis réapparaît une minute plus tard. Mais un détail est tout de suite frappant, l'appareil semble avoir grossi. Il plane au-dessus des hauteurs de Tananarive avant de voler au-dessus de l'avenue de la Libération, à une altitude de 50 à 150 mètres, devant des dizaines des milliers d'habitants médusés. L'ovni sera décrit comme ayant une forme de cigare.

M. Campagnac indiquera pour sa part que l'appareil a une longueur d'environ 40 mètres et la taille d'un avion DC4. L'engin était totalement silencieux et son passage fut accompagné d'un certain nombre de phénomènes.

Les milliers de témoins dans toute la ville ont indiqué que les lumières d'éclairage publiques et les ampoules des magasins se sont éteintes au moment où l'engin est passé au-dessus d'eux, et ont fonctionné à nouveau aussitôt juste après

Les poules semblaient agiter et les chiens de toute la ville, hurlaient ou aboyaient. Lorsque l'ovni a survolé le parc animalier où les paysans gardent les animaux afin de les vendre sur les marchés de la ville, ces animaux sont entrés dans un état de panique totale alors qu'ils restaient calmes lorsque des avions normaux les survolaient.

Les témoins indiquent que l'appareil a ensuite pris la direction de l'ouest. Deux minutes après, un engin avec les mêmes caractéristiques a été observé à 150 kilomètres au sud de la capitale au-dessus de la ferme-école. Là également, les animaux ont été pris de panique. Le **15 septembre de la même année (1954)**, plusieurs personnes ont rapporté avoir aperçu des lumières étranges dans le ciel.

Le **15 mai 1989**, quatre personnes qui se déplaçaient à l'intérieur de la forêt de Soatanana ont aperçu un disque volant à vive allure pendant plus de 10 minutes.

La Libye fait partie de ces pays où les Ovnis ont été observés à plusieurs reprises et dans plusieurs situations différentes.

Le **24 janvier 1956**, un objet non identifié a été détecté au radar, il suivait une trajectoire de de 330 degrés et volait à 300 mètres d'altitude. Il a été suivi pendant 12 minutes puis a disparu des yeux et du radar.

Le **16 février 1959**, un objet rond qui possédait un dôme et affichait une belle couleur bleue argenté ou foncé avec contours nets a été observé dans le ciel Benghazi pendant environ 15 minutes.

Le **1er septembre 1959**, un officier de l'armée de l'air américaine stationné à Wheelus AFB a aperçu une lumière qui a volé au-dessus de sa tête et a disparu au-dessus de la ligne des arbres. La durée totale de l'observation a été inférieure à 15 secondes. Il a cru qu'il s'agissait d'un satellite mais à sa grande surprise la lumière brillante est revenue au-dessus de la limite des arbres en se déplaçant de droite à gauche d'une façon très rapide avant de disparaître à l'horizon. De retour à la caserne, il a parlé de la vision aux autres soldats et l'un d'entre eux a appelé la tour de contrôle de la ligne de vol pour demander si elle avait vu quelque chose. La réponse a été négative. Le témoin affirme aussi qu'alors qu'il n'avait passé que quelques minutes à voir l'objet, plusieurs heures semblaient être passées lorsqu'il est retourné dans les baraquements. Le témoignage ayant été rapporté 50 ans après les faits, il est difficile d'avoir plus de détails.

Le **4 octobre 1967** aux environs de 22 h 30. Un jeune homme de 10 ans dont le père était un officier à la base de Wheelus AFB et deux de ses amis Judy et Billy, étaient assis sur le trottoir à quelques mètres de la méditerranée en train de jouer et de discuter, tandis que ses parents étaient à l'intérieur. Les trois enfants étaient les seuls personnes dans la rue. Alors qu'il regardait le ciel, le témoin principal s'aperçut qu'une des étoiles devenait de plus en plus grosse. Ses amis ont vu la même chose. Ensemble, ils ont regardé cette lumière descendre à une vitesse incroyable. Au début, le témoin affirme avoir cru qu'il s'agissait d'un météore, mais lorsqu'elle est arrivée à environ 15 mètres au-dessus d'un entrepôt qui se trouvait à 100 mètres de la rue, l'objet s'est arrêté et est resté en vol stationnaire. Elle mesurait environ 19 mètres de large et ressemblait à une boule de feu, mais ne produisait ni chaleur, ni bruit. Il était d'une couleur jaune et rouge. L'ovni est resté au-dessus de l'entrepôt pendant 5 ou 6 minutes, puis est devenu un peu plus lumineux et a décollé tout droit à une vitesse incroyable avant de tourner vers l'est à un angle de 45 degrés puis de disparaître. Les enfants, une fois assurés de son départ, ont couru jusqu'à la maison pour attirer l'attention de leurs parents et leur raconter ce qu'ils avaient vu. Personne n'a cru à leurs histoires et une visite de l'entrepôt n'a permis de rien trouver. Le témoin affirme avoir été marqué à vie par cette vision et qu'il était convaincu que les militaires de la base où travaillait son père avaient dû voir quelque chose. Lorsqu'il était dans la vingtaine, il a indiqué avoir discuté à nouveau du sujet avec son père. Celui-ci lui a clairement indiqué qu'il y avait des choses qu'il ne pouvait pas et ne voulait pas lui dire. Toutes les tentatives de faire parler son père se sont soldées par des échecs. Il assure que vers la fin de son service, son père est devenu un instructeur de tir et a participé à la rédaction de certains manuels techniques de l'armée de l'air américaine. Quelques-uns traitaient des OVNI et de la manière dont il fallait gérer les situations qui les impliquaient.

Le **7 octobre 1989** un expatrié dont la nationalité n'est pas connue avec précision et qui travaillait dans le désert libyen sur des plates-formes pétrolières faisait une promenade avec un ami maltais pour chasser l'ennui. C'était une nuit claire et toutes les étoiles brillaient dans le ciel. Sans le savoir ils s'étaient considérablement éloignés de leur campement. Brusquement, il a remarqué que le regard de son ami s'est figé alors qu'il fixait le ciel. En levant aussi les yeux vers le ciel, il a vu une forme ronde de couleur rouge vif ayant la taille d'un ballon de football (un ovni gigantesque) qui se déplaçait lentement, puis s'est arrêtée pendant un bon moment avant de recommencer à se déplacer mais en zigzag avant de s'arrêter à nouveau et de revenir en arrière en ligne droite et d'augmenter sa vitesse. Puis brusquement, en un battement de paupière, l'ovni a disparu. Lorsqu'ils ont raconté ce qu'ils ont vu à leur retour, ils ont été pris pour des personnes victimes d'hallucinations.

Le **30 août 1997**, vers 23h45, un témoin raconte qu'il traversait une route principale avec un ami à Tripoli. Soudain il a remarqué que plusieurs points lumineux se déplaçaient ensemble dans le ciel dans la direction ouest. Le mouvement des ovnis était parfaitement synchronisé. L'un des points semblait être le vaisseau mère et se déplaçait plus lentement que les autres qui s'adaptaient à son rythme. Les ovnis ont été visibles pendant 3 minutes environ avant de disparaître.

Le **27 mai 2022**, à Benghazi, une personne a indiqué que vers quatre heures du matin alors qu'il buvait son café dehors, il aperçut le croissant de lune avec deux étoiles au-dessus et une autre étoile à côté. Il a pris des photos. En observant bien le ciel, il constata que les deux étoiles changeaient de position en permanence de haut vers le bas et d'une façon très rapide puis revenait à leur position initiale. Aucun son n'était perceptible.

Liberia

Au Liberia, nous n'avons pas trouvé un grand nombre de cas d'observation d'ovnis.

Le **11 juillet 2008**, une photo du soleil a révélé la présence d'un objet étrange dans le ciel. La photo a été prise depuis Bushrod Island, un quartier de la capitale Monrovia. Selon le témoin, l'objet a été visible pendant une vingtaine de minutes, il se déplaçait du nord vers le sud par un temps partiellement nuageux. Le témoin affirme qu'il attendait devant la boutique que ses amis sortent d'un magasin pour le rejoindre lorsque l'idée lui est venue de prendre une photo du soleil. Il s'est alors rendu compte que sur certaines photos on voyait clairement un objet étrange se déplacer dans le ciel. Il ne s'agissait clairement pas d'un avion et l'objet n'émettait aucun bruit. Nous n'avons pas pu trouver les photos en question.

Le **22 février 2017**, un témoin a affirmé avoir aperçu au-dessus de Monrovia, un objet ressemblant à un drone mais ayant des dimensions bien plus imposantes. L'objet a plané pendant longtemps. Il montait, descendait, avançait et reculait d'une façon très rapide avant de disparaître rapidement à l'horizon. Une vidéo est disponible à ce lien https://updb.app/report/1-82283.

Lesotho

Au Lesotho non plus, on ne signale pas beaucoup de cas d'observation d'ovnis.

Le **19 janvier 2007**, un témoin a affirmé avoir vu une grande lumière avec une queue traînante pendant près de trente minutes au-dessus de Maseru, la capitale du Lesotho. L'ovni serait apparu au crépuscule dans le ciel et a continué à descendre dans cette direction jusqu'à ce qu'il disparaisse de la vue sans émettre un son.

46

Le **29 septembre 2013**, à Maseru et dans les autres localités du Lesotho aux environs de 19h00 heures et pendant environ 20 minutes, plusieurs personnes ont affirmé avoir vu un grand disque blanc dans le ciel nocturne. Au milieu du disque on pouvait clairement distinguer un objet qui semblait être un avion.

Le disque est resté immobile pendant quelques minutes, puis s'est déplacé très rapidement vers le nord. Il est resté immobile à nouveau pendant quelques minutes, puis à accélérer à une allure vertigineuse. Le cercle est devenu progressivement petit jusqu'à ce que l'ovni disparaisse.

Kenya

Au Kenya, de nombreux cas d'observation d'ovni ont été signalés.

Le **1er janvier 1949**, plusieurs personnes ont affirmé avoir vu apparaître dans le ciel de Mombasa un grand vaisseau d'où semblait émaner une douce mélodie. Pour la plupart des témoins, il s'agissait d'une chorale d'anges.

Le **2 décembre 1950**, un disque incandescent d'une couleur blanche nacrée a été aperçu par une personne à Nanyuki. L'appareil émettait selon le témoin un bruit semblable au bourdonnement des abeilles.

Le **19 février 1951**, plusieurs personnes ont rapporté avoir vu non loin du mont Kilimandjaro un objet volant stationnaire de forme allongée et d'une couleur argentée.

Le **15 juin 1954**, des témoins vivant à Kirimukuyu, un département du Kenya ont rapporté avoir vu des lumières nocturnes apparaître au-dessus d'un groupe de personnes qui s'étaient réunis pour un mariage. Juste après, toutes les personnes ont été retrouvées mortes. Malgré nos efforts, nous n'avons pas trouvé d'autres informations à ce sujet.

À Nairobi, le **1er octobre 1954,** un homme a affirmé avoir observé des disques volants au-dessus de la ville. Le **1er avril 1956**, un homme a affirmé avoir vu un objet volant totalement silencieux et de couleur argentée apparaître au-dessus de sa tête à basse altitude. L'ovni se déplaçait rapidement vers le nord, avec d'éclatantes lumières rouges et oranges.

Le **4 janvier 1978**, un mystérieux objet volant non identifié a été signalé dans le ciel de la localité de Lamu avant d'exploser. Nos recherches ne nous ont pas permis de connaître les résultats de l'enquête qui a été diligentée par les services de l'État.

Le **1er mars 1982**, deux amis étaient en train de discuter au milieu d'une plantation de café dans la localité de Kiambu lorsqu'ils virent apparaître dans le ciel une lumière blanche. Ils crurent d'abord qu'il s'agissait d'un avion mais au fur et à mesure qu'elle se rapprochait d'eux, ils se rendirent compte que l'objet ne faisait aucun bruit et qu'elle se trouvait juste au-dessus de la limite des arbres. Il s'agissait d'une grosse boule de lumière bleue verdâtre. Lorsqu'elle est passée au-dessus des deux témoins, la lumière est devenue si brillante qu'ils eurent l'impression que le soleil s'était de nouveau levé alors qu'il était 20 heures. Saisis de panique, ils s'allongèrent sous les caféiers pour se mettre à l'abri. Ils ont alors vu l'ovni s'éloigner lentement.

Le **30 juin 1983**, un jeune homme de 10 ans a été témoin d'une série d'événements des plus étranges dans la ville de Nakuru. Alors qu'il était à l'extérieur de leur maison, il vit un vaisseau étrange atterrir à une cinquantaine de mètres de lui. Selon ses dires, l'ovni était de couleur rougeâtre et avait une forme vaguement sphérique. Ses bords scintillaient comme un diamant et un train d'atterrissage était clairement visible en dessous. Saisi d'une peur indescriptible, il s'est retourné et a couru pour rejoindre l'endroit où se trouvaient ses frères et ses sœurs. Il se rappelle avoir traversé un champ de maïs mais n'être jamais parvenu à l'endroit souhaité. C'était comme si l'espace et le temps s'étaient distordus, le laissant dans une grande confusion. Toujours dans sa dixième année, le même témoin raconte qu'il venait de se réveiller lorsqu'il entendit, ce qui ressemblait à des bruits de sonnerie. Il s'agissait d'un son continu et aigu qui semblait provenir directement d'en haut. Le son s'arrêta au bout de quelques minutes puis soudain, il sentit que quelque chose de froid traversait son corps au niveau de la poitrine. Il ne ressentit aucune douleur même s'il eut l'impression d'avoir été coupé en deux. Ensuite, il affirma que le lit s'était retourné, et lui fit faire un tour complet de 360 degrés puis ce fut le silence complet. Tétanisé par la peur, il a lentement approché sa main du bord de la couverture et a vu plusieurs créatures non humaines. Certaines étaient d'une couleur verte-pâle tandis que d'autres étaient grises. Ils étaient de très petite taille, comme des garçons mal nourris. La plus petite de ces créatures s'est approchée de lui ce qui a accentué sa peur puis il est tombé dans les pommes. Le témoin affirme avoir passé une bonne partie de sa vie à essayer de repousser ses souvenirs. Les faits ont été rapportés 30 ans après leurs observations. Le témoin affirme avoir été durant le reste de son enfance, la risée de sa famille qui ne croyait pas un seul mot de ses propos.

Le **10 juillet 1987**, un témoin affirme qu'il observait le ciel et croyait qu'il était en train d'observer la planète Jupiter jusqu'à ce que l'objet ne se mette à grossir et à bouger. L'objet semblait descendre vers le sol et sa luminosité était devenue si forte que le témoin affirme s'être évanouie. Lorsqu'il s'est réveillé, il se rappelle que ses vêtements étaient trempés de sueur.

Le **1er avril 1993**, plusieurs personnes affirment avoir vu un objet volant non identifié dans le ciel de Nairobi. L'appareil volait si bas que ces occupants, des créatures humanoïdes étranges ont été observés. Il est possible qu'il s'agisse d'un poisson d'avril.

Le **29 septembre 2003**, une soucoupe volante de couleur bleue argentée a été aperçue par un groupe de témoins. Selon eux, l'appareil est d'abord apparu juste au-dessus de leur tête, avant de prendre la direction du sud en se déplaçant en zig-zag. Il se serait arrêté à plusieurs reprises pour quelques secondes avant de disparaître à vive allure dans l'obscurité du ciel en laissant un sifflement aigu. Les témoins affirment être retournés chez eux en courant.

Le **13 décembre 2005**, un lycéen affirme avoir vu 3 boules de lumière qui donnaient l'impression de descendre à toute allure sur lui. Alors qu'il se demandait à quel saint se vouer, les 3 boules de lumière ont fusionné et ont disparu sans produire aucun bruit. Lorsqu'il voulait continuer son chemin, l'unique boule de lumière issue de la fusion est réapparue à l'endroit où elle avait disparu et s'est à nouveau divisée en trois boules qui se sont élancées vers le haut et ont disparu en une fraction de seconde. Le témoin affirme en avoir parlé avec sa mère qui montra peu d'intérêt. Un voisin lui dit qu'il s'agissait de feu d'artifice et son pasteur lui assura qu'il avait été témoin d'un signe du ciel (nous ne savons pas vraiment ce que cela signifie).

Le **27 décembre 2006**, une étudiante de l'université de Nairobi était en train de descendre la colline de l'église catholique se trouvant non loin du campus vers 22h30. Il faisait nuit et elle était en train de discuter au téléphone avec son petit-ami tout en se rapprochant du seul lampadaire allumé qui se trouvait en bas de la colline. Subitement l'appel fut coupé et une lumière comparable à celle émise par les phares est apparue. La témoin a alors jeté un coup d'œil en arrière pour savoir de quel côté elle devait se déplacer pour laisser passer la voiture mais elle remarqua que la lumière devenait de plus en plus forte. Enfin, lorsqu'elle put distinguer quelque chose, elle se retrouva en face d'un objet gigantesque qui ressemblait à un œuf allongé avec des sortes d'appendices. Au total, il y en avait 5 ou 6. La témoin soutient que deux de ses appendices étaient tournés vers elle. À côté de l'œuf qui était vraisemblablement un ovni, elle distingua une humanoïde de taille très courte et avec une couleur de peau argentée. Il avait de grands yeux rouges et semblait la fixer mais ne bougeait pas. La témoin rapporte avoir eu très chaud, comme si elle se trouvait près d'un feu. Sa peau était devenue bizarre comme si un téléphone vibrait sous son épiderme. Ce qui était encore plus bizarre c'est qu'elle ne pouvait pas bouger. Alors qu'elle se demandait comment se sortir de ce bourbier, elle aperçut deux silhouettes descendant la colline dans sa direction. Elle crut que c'était des étudiants mais à sa grande surprise, c'était deux autres petits humanoïdes semblables au premier et ils les ont rapidement rejoint. L'humanoïde qui était là depuis le début s'est alors approché très rapidement d'elle et l'un des nouveaux arrivants a poussé un cri très fort qui ressemblait à celui d'un chat blessé. Au même moment, deux autres étudiants sont apparus en haut de la colline et ont vu la scène mais ont préféré faire demi-tour au lieu de se rapprocher. L'humanoïde qui s'était approché d'elle s'est retourné dans l'instant qui suivit et elle retrouva aussitôt l'usage de ses membres. Elle s'éloigna très rapidement en courant. La témoin a d'abord pensé qu'elle avait vu un démon ou un fantôme avant d'entendre parler des ovnis. Les chances sont grandes qu'elle ait beaucoup prié après cet événement.

Un habitant de Nairobi a déclaré le **23 novembre 2013**, qu'il avait vu à plusieurs reprises des lumières très proches et très brillantes dans le ciel. Il a assuré que ces lumières avaient des couleurs différentes notamment rouge et bleu. Il affirmé que ces lumières se déplaçaient à une vive allure et changeaient tout le temps de position.

Le **12 décembre 2013**, alors que le Kenya fêtait le 50e anniversaire de son accession à l'indépendance, un témoin affirme avoir vu avant la levée du drapeau à minuit, trois lumières qui brillaient au-dessus de Nairobi. Puis, à minuit, une lueur rouge a traversé ces lumières dans un mouvement de va-et-vient très rapide avant de s'éteindre. L'agent de sécurité a affirmé avoir vu la même chose. Deux des lumières se sont divisées en deux et le troisième en trois, avant de se rejoindre et ils sont restés là pendant un long moment. Apparemment, certains extraterrestres voulaient souhaiter un joyeux anniversaire d'indépendance aux kenyans.

Le **11 janvier 2014,** une jeune femme voyageait en bus de Kisii à Nairobi. Au niveau de l'escarpement de la vallée du Rift, à un lieu baptisé Mahi Mahiu, elle prit son téléphone pour prendre des photos et faire une vidéo. Jusque là tout se déroulait normalement. La surprise va venir le lendemain lorsque la photographe amateur va remarquer que deux gros objets volants noirs, l'un à la suite de l'autre, traversent la vidéo qu'elle a prise. Elle regarda aussi les photos qu'elle avait prises plus tôt et réalisa que quelque chose se trouvait au niveau du Mont Suswa. Mais le plus étrange reste à venir. La témoin va remarquer un détail troublant : l'heure indiquée ne correspondait pas à l'heure à laquelle elle était arrivée à Mahi Mahiu. La première photo indique **12.45pm** La deuxième photo indique **12.52pm** et la troisième photo indique **12.53pm** Le clip indique **1.00pm** alors que de toute évidence, selon ses dires, elle n'avait pas atteint Mahi-Mahiu à cette heure. La témoin affirme avoir envoyé un message à 15 h 10 précise à son petit ami pour lui dire qu'elle était à 40 km de Mahi Mahiu ou elle n'est donc arrivée qu'environ 30 minutes plus tard. Toutes les autres photos prises au cours du trajet indiquait une heure logique. On se retrouve là de toute évidence face à un autre cas de distorsion spatiale et temporelle.

Le **10 septembre 2014**, un habitant de Nairobi qui résidait dans un quartier appelé South C prenait de l'air sur le balcon. C'est alors qu'il a remarqué une lumière très brillante dans le ciel, au-dessus d'un petit aéroport commercial du nom de Wilson Airport. Le ciel étant complètement couvert par des nuages, il a écarté la possibilité que ce qu'il voyait pouvait être une étoile. La lune n'était pas non plus visible. Il a alors pensé qu'il pouvait s'agir d'un avion arrivant la nuit. Mais le fait que la lumière soit restée stationnaire écartait aussi cette option. La lumière est restée à environ 300 mètres du sol et n'a pas bougé pendant plus de 20 minutes. Le plus étrange était que la lumière pulsait de différentes couleurs. Du blanc, elle est passé au rouge puis au bleu. Le témoin affirme avoir fait appel à sa femme qui assure avoir vu la même chose. Après une trentaine de minutes l'objet s'est évanoui en quelques secondes. Le témoin affirme avoir vu la même chose au mois d'avril. Les deux observations ont eu lieu entre 20h et 22h mais la lumière avait une position différente. Le témoin affirme avoir appelé l'aéroport Wilson et parlé au chef de la sécurité pour lui faire part de ce qu'il avait vu mais apparemment les radars de l'aéroport n'avaient rien capté.

Le **1er janvier 2015**, dans le sud de Nairobi plus précisément dans la zone résidentielle de Nyayo Highrise Estate, une communauté de plus de 20 immeubles d'appartements, un témoin affirme qu'alors qu'il observait l'agitation des citoyens de la ville depuis la fenêtre de son logement, une étrange lumière a attiré son attention. Il avait cru d'abord qu'il s'agissait d'un avion mais s'est vite rendu compte que l'ovni brillait d'une lueur rougeâtre et se déplaçait en ligne droite. Selon lui l'objet volant ne clignotait pas, mais sa lumière rougeâtre diminuait puis devenait plus brillante sans s'éteindre, l'objet s'est déplacé pendant plusieurs minutes en ligne droite avant de faire brusquement un virage à 90 degrés et de s'envoler à très grande vitesse et de disparaître dans les airs. Sûrement que ces extraterrestres voulaient souhaiter une bonne année aux Kenyans.

Le **15 juin 2015**, un photographe amateur kényan remarque sur l'une de ses photos la présence d'un objet qui a l'air d'une soucoupe volante.

Le **22 janvier 2016**, un écolier affirme qu'alors qu'il observait le ciel dans la cour de son école, il aperçut une lumière qui planait dans le ciel sur une trajectoire circulaire de manière très rapide. La lumière clignotait aussi très rapidement puis brusquement, elle a disparu.

Le **21 juin 2016**, dans le comté de Muranga, deux amis étaient en train de conduire sur une route en filmant le brouillard épais qui tombait. La conduite était donc difficile. Brusquement, un ovni est passé sous leurs yeux. Il s'agissait d'une gigantesque soucoupe volante qui émettait un étrange bruit. La nouvelle a fait le tour des médias kényans. Beaucoup ont avancé qu'il devait s'agir d'un montage. Nous vous laissons juger par vous même. Voici le lien pour cette vidéo https://updb.app/report/1-77230. Mais notre analyse personnelle nous amène à la conclusion qu'il y a au moins 50 % que cette vidéo soit vraie. En Afrique peu de gens s'intéressent réellement aux ovnis et nous ne voyons pas pourquoi des gens se donneraient la peine de monter ce genre de vidéos. Mais le fait que le témoin montrait du doigt une zone du ciel brumeux alors qu'il est censé être surpris par le passage de l'ovni pousse à remettre en cause l'apparition de cet énorme disque.

Le **1 juillet de la même année, toujours en 2016**, un témoin a affirmé avoir remarqué un objet volant non identifié en vol stationnaire au-dessus de lui alors qu'il était à bord de son véhicule.

Le **9 février 2017**, un objet en forme de X a été remarqué par un témoin. Selon lui, l'appareil aurait plané pendant un moment avant de s'envoler à très grande vitesse dans une posture rectiligne qu'aucun aéronef construit par l'homme ne peut adopter.

Le **4 septembre 2017**, un témoin indique qu'alors qu'il était assis avec 4 autres personnes dans un jardin public de Mombasa en train de discuter, il a vu une lumière pulsante irrégulière, brillante et terne qui se déplaçait du sud au sud-est aux environs de 20 heure 30. Ils ont d'abord cru qu'il s'agissait d'un avion mais celui-ci se déplaçait lentement puis brusquement, il a changé de direction et s'est éloigné en laissant une traînée de lumière derrière lui.

Le **21 février 2020** en plein confinement, un habitant de Nairobi et sa femme faute de pouvoir sortir, se promenait dans le jardin. Soudain, le couple a vu un flash lumineux, semblable à une ampoule LED brillante. Cette lumière fut suivie d'autres lumières similaires qui se déplaçaient l'une après l'autre, en ligne droite sur une distance d'environ 1,5 m dans le ciel. Les lumières ont brillé 4 à 5 fois pendant au moins 8 à 10 secondes. Selon le témoin la source devait se trouver très loin car malgré leur effort, lui et sa femme n'ont pu voir aucun objet ni aucune forme. L'ovni allait vers le nord et était directement en ligne droite à l'opposé de la constellation d'hercule. Après environ 8 à 10 secondes tout a disparu.

Le **1er avril 2020**, un expatrié britannique vivant à Nairobi, observait un bâtiment voisin et affirme avoir vu quelque chose de brillant au loin dans le ciel bleu clair. Il a d'abord pensé qu'il s'agissait de la lune, mais il remarqua très vite que l'objet était à la fois trop lumineux, trop petit et trop bas pour être notre satellite naturel. Il a appelé sa femme qui a également vu l'Ovni. Il affirme avoir pris des photos que nous n'avons pas pu consulter. L'objet est resté visible pendant au moins une demi-heure avant de disparaître.

Le **13 mai 2020,** un témoin affirme qu'alors qu'il observait le ciel, il vit ce qui semblait être un disque plat et très brillant planer au-dessus de Nairobi pendant quelques minutes, à intervalle régulier, l'objet bougeait dans tous les sens. Voici le lien pour suivre ces vidéos https://updb.app/report/1-108794.

Le **7 novembre 2020**, un témoin passionné d'aéronautique indique qu'alors qu'il faisait du repérage avec son appareil photo, il a remarqué un objet cylindrique immobile dans le ciel qui ne ressemblait à aucun phénomène aérien naturel. Il a indiqué que l'objet semblait s'éloigner et s'est rétréci jusqu'à disparaître au bout de 30 minutes. Sur la photo, l'objet ne donne pas l'air d'être cylindrique.

Le **20 février 2021**, aux environs de 20 h 10, un témoin passionné d'astrologie vivant à Nairobi, indique qu'il observait la constellation d'Orion lorsqu'il remarqua une lumière ressemblant à une étoile qui semblait assez haute et qui se déplaçait silencieusement dans le ciel. Il crut d'abord qu'il s'agissait d'un satellite. Mais la lumière s'est brusquement éteinte, puis une seconde plus tard, elle est réapparue à une certaine distance. Le phénomène se répéta plusieurs fois et le témoin affirme qu'il a compris que la lumière ne se déplaçait pas en ligne droite mais clignotait. De plus, l'ovni semblait se déplacer de haut en bas d'une façon totalement aléatoire.

Le **9 février 2022**, un témoin affirme avoir remarqué à Nairobi 3 lumières brillantes depuis la fenêtre de sa chambre qui se situait au 8ème étage. Il a indiqué avoir d'abord pensé à des étoiles et remarqué qu'elles se déplaçaient de manière erratique et ne produisait aucun bruit. Il s'est saisi de son smartphone et a donc zoomé sur elles. Les lumières se déplaçaient rapidement en laissant une traînée blanche derrière elles sans suivre aucune trajectoire. Elles se sont ensuite rassemblées pour former un triangle, puis se sont de nouveau éloignées.

Le **13 mars 2022**, une personne vivant à Nairobi a affirmé avoir vu une lumière clignoter puis disparaître dans le ciel. Une Orbe rouge terne semblait être la source de cette lumière et était à une altitude de 600 mètres dans le ciel. Elle se déplaçait lentement vers le Nord.

Le **4 juillet 2023** un individu a affirmé avoir vu 6 lumières extrêmement brillantes descendre vers l'ouest plus vite qu'un satellite ou un avion. Selon lui, elles se sont déplacées de 7 degrés vers l'horizon en 4 secondes environ, elles étaient plus brillantes que la pleine lune. Puis un autre objet serait apparu exactement de la même manière et est descendu comme les précédents. Les ovnis ont ensuite pris la forme d'un anneau.

Guinée équatoriale

Il n'y a aucun rapport d'observation d'ovnis en Guinée équatoriale.

54

Guinée-Bissau

Il n'y a aucun rapport d'observation d'ovnis en Guinée-Bissau.

55

Guinée

En république de Guinée, les observations d'ovnis semblent assez rares (où les gens n'en parlent pas).

Le seul cas dont nous avons eu connaissance est récent et a eu lieu le **23 août 2022**. Ce jour vers 21 heures, un témoin affirme avoir vu un objet volant sous forme de cigare qui zigzaguait dans le ciel dans la préfecture de Siguiri. Ses lumières clignotaient, et il a rapidement disparu dans le ciel obscur.

Ghana

Le Ghana est un pays où plusieurs témoins affirment avoir vu des objets étranges traverser le ciel.

Le **27 août 1987** plusieurs personnes vivant dans la région d'Accra, dans les environs des villes de Kpando et de Hohoe et les habitants de la région de la Volta et des localités qui longent le golfe de Guinée ont affirmé avoir vu un étrange objet traverser le ciel entre 23 heures et 24 heures. L'information a été mentionnée dans le journal Ghanaians Times du 29 août 1987. La CIA dans des documents déclassifiés sur cet incident a rapporté avoir discuté avec un officier de l'air ghanéen dans les jours qui ont suivi. Celui-ci a affirmé avoir également vu le mystérieux objet. Tout d'abord, cet objet volant non identifié est apparu dans le ciel avec une trajectoire en chute libre comme une météorite puis étrangement, il s'est arrêté et a commencé par monter vers les cieux à une vive allure. Alors qu'il survolait la ville d'Accra, le pilote affirme avoir eu le temps d'observer en détail l'ovni. L'appareil se trouvait à une altitude de 4,5 km. Il ressemblait à un très grand fuselage d'avion d'une couleur métallique, semblable à celle de l'aluminium. Il était deux ou trois fois plus grand qu'un avion de ligne Boeing 747 et ne produisait aucun son.

Pendant la descente, l'ovni présentait une unique source de lumière importante. La couleur jaune émise partait du centre de son extrémité arrière comme une fusée. Au moment où l'appareil volant a arrêté de descendre et a commencé par grimper, l'unique lumière jaune a disparu et huit lumières plus petites ont fait leur apparition. elles étaient de couleur bleue et disposées en cercle autour de l'extrémité de l'Ovni. Ces huit faisceaux de lumière bleue semblaient être la source de propulsion de l'ovni alors qu'il disparaissait à l'horizon. Le pilote de l'armée de l'air a confié qu'il avait entendu parler d'autres observations, du même objet, qui avaient été accompagnées par des bruits d'explosions dans d'autres localités du Ghana.

En 1994, un témoin affirme avoir vu dans le ciel nocturne du nord de la subdivision administrative d'Akuapem, deux appareils étranges planés lentement vers le bas pendant quelques minutes, puis s'arrêter soudainement pour se diriger à vive allure vers le haut et disparaître en quelques secondes. **En mai 2011**, une personne affirme avoir eu exactement la même vision peu avant le lever du soleil dans les environs de Kumasi.

Le **3 mars 2020**, un objet de forme tubulaire est apparu au-dessus de la mer directement au sud d'Accra. Après avoir tourné pendant un moment dans le ciel, il s'est divisé en deux vers 15h10. Une partie s'est dirigée vers le nord-ouest en direction d'Abidjan. L'autre a foncé vers l'horizon.

Gambie

Quelques observations d'ovnis intéressantes ont été faites en Gambie. Voici la plus détaillée.

Le **1er janvier 2006**, un groupe de vacanciers était en train de se relaxer sur le balcon pendant des vacances bien méritées lorsqu'ils ont vu une paire d'objets de forme rectangulaire s'élever à l'horizon. Ils se déplaçaient à l'unisson à environ 30 % de la hauteur des yeux des témoins puis se sont arrêtés pendant un court instant avant que chaque lumière ne se mette à tourner très rapidement à l'unisson comme si elle était reliée l'un à l'autre par un lien invisible.

Les deux ovnis se seraient ensuite déplacés au-dessus de leurs têtes dans un mouvement très rapide puis se sont arrêtés un court instant et ont commencé à tourner dans un mouvement sphérique au-dessus et autour de l'autre comme s'il s'agissait d'un seul et même objet. Les deux objets se sont ensuite immobilisés quelques instants avant de filer dans le ciel et de disparaître. Les témoins affirment n'avoir entendu aucun bruit provenant des deux objets.

Gabon

Au Gabon, les cas d'observation d'ovni semblent bien rares. Le seul cas relevé a été rapporté par l'Ufologue français Jacques Vallée dans son catalogue d'atterrissage des Ovnis. Il indique dans ce livre que le **25 décembre 1963**, dans la capitale Libreville, un pêcheur a été témoin de l'atterrissage d'un objet volant non identifié duquel une créature terrifiante aurait émergé. Selon le témoignage recueilli, cet humanoïde se serait avancé vers le pêcheur et aurait parlé avec des sons que celui-ci ne comprenait pas. Face à cette situation de dialogue impossible, l'humanoïde est retournée à son vaisseau pour poursuivre son voyage en laissant des empreintes sur le sable.

Éthiopie

En Éthiopie également, des ovnis ont été observés à plusieurs reprises.

Le **1er mars 1950**, plusieurs témoins affirment avoir vu des disques volants de la taille de la lune dans plusieurs localités de l'Éthiopie.

Le **21 janvier 1957**, des disques volants ont été observés par cinq témoins militaires.

Le **5 avril 1959**, de nombreux témoins affirment avoir observé une sphère verte qui oscillait et beaucoup manœuvré dans le ciel avant de disparaître.

Si un jour vous parlez des Ovnis à un Éthiopien qui se montre très effrayé, sachez que c'est parce que ce dernier a connaissance des tragiques évènements de Saladare. En effet, le **7 août 1970** dans la petite localité de Saladore située à 14 kilomètres de la ville d'Asmara, les paisibles habitants ont entendu vers 11 heure 30 du matin un grondement croissant venant de derrière la dense végétation de la jungle. En levant les yeux vers le ciel, ils ont vu une boule de flamme rouge, semblable à de la lave en état d'ébullition, se précipiter sur eux. Selon les témoins, il volait à une altitude d'environ 140 mètres. Sur son passage, il a détruit des bâtiments et déraciné des arbres, il a aussi provoqué la fonte d'une partie de la chaussée. Rien ni personne ne semblait pouvoir lui faire changer de direction ni l'arrêter. Alors que beaucoup pensait qu'il s'agissait d'un météore, l'ovni serait complètement sorti du village et aurait plané au-dessus de la colline pendant quelques minutes. Puis, à la stupeur générale, il a foncé à nouveau sur le village et détruit plusieurs maisons avant de reprendre de la hauteur et de disparaître comme il était venu. 8 villageois ont été blessés et le corps sans vie d'un enfant a été retrouvé sous les décombres. 1 blessé serait décédé quelque temps après.

Le **29 mai 2002**, juste après le coucher du soleil, un témoin regardait nonchalamment le ciel qui s'assombrissait lorsqu'il remarqua un seul flash lumineux de couleur blanc qui provenait d'une très haute altitude. La source qui émettait cette lumière semblait se déplacer à une très haute distance et a rapidement disparu.

Le **14 juillet 2006**, deux jeunes chasseurs de météorites observaient minutieusement le ciel dans l'espoir de voir passer un météore lorsque soudain, ils ont vu une lumière rouge très brillante au centre et trois autres lumières rouges qui formaient un triangle. Selon l'un des témoins, la lumière de l'objet était très brillante mais celui-ci ne produisait pas de son. Il a disparu au bout d'un moment.

Le **10 mai 2010** aux alentours de 21 heures, un témoin vivant à Addis Abeba a affirmé avoir vu un petit point blanc clignotant apparaître dans le ciel. La lumière clignotante était très petite au début et aurait commencé au milieu de la ceinture d'Orion. Le clignotement se répéta toutes les 5 secondes environ. Puis, il s'est amplifié et a commencé à se déplacer en direction de l'est et est redevenu un peu plus grand. Selon le témoin, il a continué à se déplacer, devenant de plus en plus gros, et finalement, il a pris la forme d'une planète un peu plus grande que Mars. Le clignotement est subitement devenu rouge. L'appareil n'allait pas à vive allure. Il se déplaçait plutôt à une vitesse constante et avait une forme à la fois plate et ronde. Brusquement, il a accéléré vers l'Est et a continué par clignoter toutes les 5 secondes avant de disparaître.

Le **3 février 2019**, un étudiant de 21 ans a indiqué qu'il empruntait l'autoroute Adama - Addis-Ababa et regardait les avions par les fenêtres latérales quand il vit une boule de lumière verte-pâle surgir de nulle part dans le ciel et descendre en un éclair vers le sol. Il affirme ne pas avoir vu l'objet touché la terre ferme.

Le **4 décembre 2022**, un témoin indique avoir vu un objet en forme de cylindre descendre du ciel. Après une minute ou deux, l'objet s'est approché et émettait beaucoup de lumières. Il se déplaçait très rapidement et a disparu dans le ciel.

Eswatini

Dans cette république d'Afrique australe, les cas d'observation d'ovnis sont rares.

Le seul cas dont nous avons connaissance s'est déroulé le **15 octobre 1992**. Un missionnaire mormon participait à une randonnée en milieu rural. Vers 22 heures, alors qu'il traversait une vallée, il constata que la lune semblait se trouver dans la direction opposée. Mais à y voir de prêt il se rendit compte qu'il avait devant lui un Ovni. La grande masse sphérique incandescente semblait translucide et diffusait principalement des lumières oranges et bleues. Il ne produisait aucun son. Soudain, il a émis un éclair d'un blanc éclatant, semblable à un flash d'appareil photo et toute la vallée a été illuminée, pendant une fraction de seconde. Le témoin affirme qu'il pouvait sentir de l'électricité statique dans l'air et qu'environ une minute plus tard, l'objet volant étrange a émis un autre flash avant de disparaître brusquement. Il a indiqué que l'objet semblait émettre de la lumière depuis son centre.

Djibouti

À Djibouti, le pays le plus à l'Est de l'Afrique, quelques rares cas d'observation d'ovnis ont été rapportés.

Ainsi, **le 22 août 2012**, un témoin à affirmé avoir vu ce qui semble être un énorme nuage dans le ciel. Il affirme que l'objet planait en un cercle parfait et reflétait la lumière. L'objet a été vu par de nombreux habitants de Djibouti.

Côte-d'Ivoire

En Côte-d'Ivoire, plusieurs cas d'observations d'ovnis et de contact avec les extraterrestres ont été rapportés.

Le premier remonte à **1952. Le 1er octobre de cette année**, une famille résidant à Abidjan, a observé vers 1 heure 30, un éclair lumineux verdâtre qui traversait le ciel en provenance de l'Est. De l'avis des témoins, la lumière inhabituelle semblait être le gaz d'échappement d'un engin. À un moment, l'ovni s'arrêta soudainement et se mit à irradier une lumière orange-rouge puis commença par tourner sur lui-même dans un cercle de feu en zigzaguant en direction du nord. En ce qui concerne la forme de l'objet, les témoins affirment qu'elle changeait constamment. Tantôt l'ovni était plat, tantôt rond puis ensuite ovale. La couleur rouge qu'il projetait a d'ailleurs cédé le pas à une couleur tantôt dorée et tantôt violette. Aucun bruit n'était perceptible. Brusquement l'appareil devient vert et disparut sans laisser de trace.

Au mois de **septembre 1954**, entre la date du **11 et du 18**, plusieurs objets volants non identifiés ont traversé le ciel d'Abidjan.

Le **17 juillet 1971**, une soucoupe a été aperçue par un témoin qui rentrait chez lui à Abidjan. Il a ressenti une très forte chaleur et sa voiture s'est arrêtée pendant quelques minutes avant sans qu'il ne sache pourquoi puis subitement il a redémarré.

Le **28 mars 1974** un couple qui prenait de l'air à la plage a affirmé avoir vu un appareil volant de forme cylindrique surgir du ciel et s'arrêter juste au-dessus de la mer à environ 150 mètres de la surface de l'eau. Des vagues géantes se sont alors formées et ont déferlé sur eux. L'ovni a aussi dirigé des faisceaux lumineux sur eux. Selon les témoins, les eaux se sont séparées en une profonde dépression. Le même objet volant étrange a été observé quelques heures après à Lomé.

Le **1er janvier 2012**, peu après minuit, à la sortie d'un restaurant situé dans le quartier de Marcory, plusieurs personnes ont affirmé avoir vu deux formations lumineuses survolant la ville en direction de la Lagune. Les appareils n'émettaient aucun bruit et semblaient être beaucoup plus hauts que les feux d'artifice. Ils étaient parfaitement alignés les uns à la suite des autres et étaient au nombre de 9. Ils se déplaçaient à une très grande vitesse et ont disparu en quelques secondes.

Entre 1995 et 1998, monsieur **Savané Amadou** a fait plusieurs apparitions sur RTI, la télévision nationale ivoirienne pour raconter sa rencontre avec les extraterrestres. Il a rédigé un livre dans lequel il a livré ce témoignage. Malheureusement, malgré tous nos efforts, nous n'avons pu trouver aucun exemplaire de cet ouvrage. À la même époque, à Daloa, un certain monsieur **Sylla** a raconté que des extraterrestres lui ont fait visiter plusieurs planètes à bord de leurs vaisseaux. Nous ne disposons malheureusement pas de plus d'informations à ce sujet.

République démocratique du Congo

Même s'il est situé au niveau de l'équateur, où les conditions d'observation du ciel sont idéales, la République Démocratique du Congo n'enregistre pas beaucoup de cas d'observation d'ovnis.

Le **25 juillet 2012**, un témoin indique qu'alors qu'il voyageait seul en voiture dans la jungle de la République démocratique du Congo, sa radio a subitement cessé de fonctionner et a commencé à émettre des parasites. Il a entendu un fort bourdonnement et aurait levé les yeux au ciel. C'est alors qu'il aurait découvert juste au-dessus du couvert des arbres, une soucoupe ronde qui planait dans les airs. Selon le témoin, il y avait une étrange brume violette autour de l'OVNI. Puis, tout d'un coup, l'ovni a pris de la hauteur et a disparu dans un éclair.

République du Congo

La République du Congo, voisine de la République démocratique du Congo, ne semble pas non plus avoir été trop visitée par les extraterrestres.

Le **8 janvier 2018**, un témoin affirme qu'alors qu'il vérifiait la météo sur le Sat24, il a vu un objet de grande taille se déplacer très rapidement en perturbant l'atmosphère. Le passage de l'objet a provoqué l'apparition de gros nuages qui se sont désintégrés juste après. Selon ses propos, les perturbations provoquées par l'objet couvraient une très grande zone. Plusieurs amis qu'il aurait contacté ont affirmé avoir vu les mêmes choses et l'ovni est resté visible au-dessus de l'océan Atlantique pendant longtemps.

Comores

Aucun rapport d'observation d'ovnis n'a été fait aux Comores.

République centrafricaine

Aucun cas d'observation d'ovnis n'a été signalé en Centrafrique.

Cap-vert

Aucun cas d'observation d'ovnis n'a été signalé au Cap-vert

Cameroun

Quelques cas d'observation d'ovnis ont été signalés au Cameroun.

Au mois **d'octobre 1954**, un objet volant non identifié aurait traversé le ciel camerounais plusieurs fois entre les dates du 10 et du 28. L'étrange appareil volant aurait été notamment observé par des témoins se trouvant en forêt.

Le **18 avril 2006**, un témoin affirme avoir vu un appareil en vol stationnaire avec des lumières vertes et clignotantes, à une distance d'environ 1 kilomètre du sol. Il affirme n'avoir pas été capable de distinguer clairement les contours de l'objet.

En **décembre 2017**, à Yaoundé, la capitale du Cameroun, une vidéo montrant un étrange objet dans le ciel a circulé sur la toile. L'objet qui émettait une lumière blanche dégageait par le bas une sorte d'éclair de couleur bleue. Puis subitement il disparut dans le ciel orageux.

Burundi

Il n'y aucun rapport d'observation d'ovni au Burundi.

Burkina-Faso

Il existe quelques cas d'observation d'ovnis au Burkina-Faso.

Ainsi, le **14 août 1962**, un objet ressemblant à un météore a été observé dans le ciel de la ville. Les militaires ont assuré que l'ovni avait la forme d'un grand triangle et a traversé le ciel du pays en quelques secondes à une grande vitesse.

Le **25 décembre 2005** dans la petite localité minière de Taparko, des témoins (plus de 100 individus) ont affirmé avoir aperçu un objet étrange dans le ciel. C'était des mineurs, rassemblés à l'extérieur du site de la mine pour prendre le repas de Noël. Subitement, ils ont observé un objet en forme de triangle dans le ciel. L'objet volait comme un avion mais ne produisait aucun son. Il émettait une lumière blanche qui ne clignotait pas.

Botswana

Au Botswana, des témoins affirment également avoir vu des ovnis.

Le **9 janvier 1968**, un objet inhabituel a été vu dans le ciel de Gaborone par le personnel de l'aéroport. L'objet qui ressemblait à un disque a survolé la ville à une vitesse vertigineuse avant de disparaître. Les témoins assurent qu'il ne s'agissait pas d'un avion.

Le **14 mai 2008**, deux personnes étaient à la recherche de satellites dans le ciel, lorsque leurs yeux sont tombés sur un étrange objet dans le ciel. L'objet alla vers la gauche, puis soudainement vers la droite et ensuite vers le haut. Il s'est ensuite arrêté et est resté en vol stationnaire pendant un long moment avant de reprendre son étrange façon de voler. L'appareil n'émettaient aucun son, il avait une forme triangulaire et semblait avoir des lumières rouges, vertes et jaunes. L'appareil est resté visible pendant 30 minutes et planait de temps en temps. Il a fini par disparaître.

En **décembre 2013 et en juin 2015**, un témoin affirme avoir vu par deux fois et au même endroit une étrange lumière qui se déplaçait lentement de gauche à droite et descendait progressivement avant de disparaître au loin.

Le **25 juin 2016**, dans le delta de l'Okavango, un vacancier a eu ce qu'on pourrait qualifier de vision particulière. Il était en train de se relaxer lorsque vers 22 heures, il a remarqué un objet blanc, de forme sphérique ou ovale qui se déplaçait de droite à gauche dans le ciel. L'objet volant non identifié émettait des pulsations toutes les 3 secondes environ et semblait s'enfoncer dans le delta où Il a continué à émettre des pulsations. Environ 4 secondes plus tard, une lumière blanche flamboyante est apparue au-dessus d'une ligne d'arbres. Tous les animaux semblaient hypnotisés et n'émettaient plus de bruit.

Cette lumière a pulsé toutes les 3 secondes et alors que le témoin l'observait, il a déclaré se sentir mal à l'aise et avoir été confus. Puis soudain sans qu'il ne comprenne pourquoi, il eut l'idée d'aller se coucher, ce qu'il fit sans plus tarder un peu comme s'il avait reçu un ordre télépathique de le faire. Il ne prit donc aucune image.

Le **4 avril 2023**, un jeune homme et sa petite amie qui se trouvaient dans une région reculée du Botswana étaient sortis dans le but de puiser de l'eau potable au réservoir pour remplir les seaux. Alors qu'il essayait de fixer la ceinture d'Orion, il affirme avoir vu un gigantesque objet étrange qui ressemblait à un oiseau. Il a indiqué que l'ovni a surgi de derrière les nuages comme s'il s'était garé là depuis un long moment.

Bénin

Au Bénin, l'observation des ovnis semble plutôt rare. Deux cas ont été toutefois rapportés.

Le **11 octobre 1953**, dans la ville de Djougou, un étrange objet volant a été observé dans le ciel. Il ne s'agissait ni d'un ballon, ni d'un avion. Il y a peu de détails sur cet incident.

Plus récemment, le **18 avril 2021** le site d'information Bénin 7 a alerté sur le fait qu'un ovni aurait été aperçu dans le ciel de Cotonou. Selon le média, l'armée américaine aurait confirmé l'authenticité des images montrant l'étrange objet planer dans le ciel de Cotonou.

Angola

En Angola, plusieurs cas d'observation d'ovnis ont été rapportés.

Le **1er avril 1972** vers 23 heures, un objet a été aperçu par plusieurs personnes dans le ciel entre les villes de Cacuso et de Lucala. Certains témoins soutiennent que l'appareil aurait une forme cylindrique tandis que d'autres estiment que sa forme serait semblable à celle d'un disque. La note parlant de cet incident indique que des perturbations des phénomènes physiques ont été observées sans toutefois préciser de quelles perturbations il s'agit. À priori il ne s'agit pas d'un poisson d'avril.

Le **10 août 1992**, un garçon de 11 ans affirme avoir été témoin de 2 observations dans la ville de Benguela. Il affirme que plusieurs autres personnes ont vu la même chose que lui sur une période de plus de 4 mois à des moments différents. La première fois, il était en train de jouer au football lorsqu'il a remarqué que ses camarades de jeu s'étaient arrêtés pour regarder le ciel. Il a fait pareil et a remarqué qu'un objet planait au-dessus de sa tête en changeant constamment de position. Il a indiqué qu'il s'est senti à la fois anxieux et excité. La seconde observation s'est déroulée la nuit. C'était deux objets étranges lumineux qui volaient dans le ciel. Le témoin qui n'a rapporté les faits que 27 ans plus tard, a indiqué que la télévision angolaise avait fait un reportage sur le sujet et que plusieurs personnes avaient été interviewées. Le témoin a aussi précisé que la fin des observations d'ovnis a coïncidé avec la reprise des hostilités entre les forces rebelles et les troupes gouvernementales.

Le **10 octobre 2007**, une personne qui se présente comme un mineur travaillant dans les mines situé au nord-est de l'Angola plus précisément à Lucapa a rapporté qu'en octobre 2007 en pleine saison pluvieuse il a aperçut un énorme cumulonimbus qui s'était formé et qui se dirigeait vers la ville. Il a dit qu'alors qu'il observait le nuage, un objet circulaire noir s'est approché du sommet de la formation nuageuse et a commencé à se déplacer très lentement avant de disparaître. L'étrange disque aurait provoqué la dissipation du cumulonimbus et le ciel était devenu subitement clair. Le témoin affirme avoir eu l'impression que l'ovni est venu absorber l'énergie de l'orage avant de disparaître.

Le **21 décembre 2012**, à Lubango, un témoin affirme avoir vu une étoile descendre lentement dans le ciel puis faire trois fois un mouvement en forme d'ellipse et descendre encore un peu plus avant de disparaître.

Le **14 mars 2015**, une personne travaillant dans un champ pétrolifère en Angola affirme avoir observé d'étranges lumières dans le ciel. Les lumières étaient au nombre de 8 et avaient la forme de triangle. Selon le témoin, les objets avaient toutes la même luminosité et clignotaient en blanc, rouge et bleu. Elles auraient duré environ 30 minutes avant de disparaître.

Le **20 février 2018**, affirme avoir vu un étrange phénomène à Luanda non lieu de l'embouchure du fleuve Kwanza plus précisément dans le parc de Quissama qui est une réserve naturelle avec une flore et une faune très riche. Il a naturellement pris quelques photos du ciel. Mais une fois à la maison il remarqua la présence d'un point lumineux de forme circulaire sur la photo. L'image semblait refléter la lumière du soleil un peu comme un petit soleil. Bizarrement sur les autres photos, la lumière semblait avoir disparu. En lieu et place on voyait une boule ou une sphère qui semblait planer au-dessus des arbres mais sa couleur au lieu d'être blanche était jaune. Le témoin assure que lorsqu'il fit un zoom des photos, il vit des ombres de figures humanoïdes ainsi que des visages et des corps autour des boules de lumière.

Le **6 mai 2020**, un témoin affirme qu'il était sur la terrasse de sa maison en compagnie de son frère lorsqu'il a remarqué la présence d'un étrange objet volant dans le ciel. La forme de l'objet était ronde et elle émettait une lumière blanche. Il affirme avoir vu quelques années plus tard le même objet à la télévision brésilienne lors d'un reportage sur les ovnis. C'est d'ailleurs ce reportage qui l'a motivé à faire un témoignage.

<h1 style="text-align:center">Conclusion</h1>

Ce livre est loin de contenir tous les cas d'observations d'Ovnis sur le continent africain. Selon le réseau UAP Check, premier réseau francophone destiné à l'étude des phénomènes aériens non expliqués, plus de 2600 cas d'observation d'Ovnis ont été rapportés en Afrique à ce jour. À la fin de cet étrange voyage entre le temps et l'espace au sens le plus large du terme, nous pouvons mettre en exergue un certain nombre d'éléments.

De nombreux cas d'observations datent de la période coloniale

Un nombre non négligeable d'observations d'Ovnis sur le continent date d'avant les années 1960. Au cours de cette période, le continent était sous la domination coloniale des puissances occidentales. D'ailleurs, ce sont majoritairement les colons qui sont à l'origine de ces témoignages. Est-ce à dire qu'avec la décolonisation, le ciel africain n'est plus visité par d'étranges objets volants ? La réponse est évidemment non.

Pour comprendre pourquoi les cas d'observation d'ovnis sont devenus plus rares suite au départ des colons, il faut analyser l'attitude de nombreux africains face à ces phénomènes aériens. Comme nous l'avons dit dans l'introduction, il y a un grand désintérêt sur le continent africain par rapport aux phénomènes Ovnis. Le sujet n'est pas tabou. Il est plutôt fantôme. Même dans les cercles intellectuels de haut niveau, les questions liées à la vie sur les autres planètes, à la composition de l'univers et à la possibilité que certains objets qui traversent les espaces aériens des États soient pilotés par des êtres non-humains, ne sont tout simplement pas abordées.

Ainsi, trop occupés à chasser leurs pains quotidiens, à combattre les dictatures qui leurs pourrissent la vie ou à rêver d'une vie meilleure en occident, les populations africaines ne se soucient tout simplement pas des Ovnis. Ceux qui remarquent par hasard des objets volants non identifiés croient apercevoir la manifestation d'une divinité ou l'associent à un phénomène religieux. Ils ne contactent ni les médias locaux, ni les médias internationaux, et ignorent qu'il existe des plateformes sur lesquelles, ils peuvent renseigner ce type d'information.

Une pédagogie autour de la question Ovni à l'échelle continentale est nécessaire pour que les témoins sortent de l'indifférence et parlent de leurs observations.

Des indices laissent penser que les Ovnis se déplacent en courbant l'espace et le temps

De nombreux témoignages laissent penser que les Ovnis se déplacent en défiant le temps et l'espace. En lisant de nombreux récits, on se rend compte que le temps ressenti par les témoins ou la durée de l'observation dont ils se souviennent ne correspond pas à l'écoulement réel du temps.

Si les témoins pensent souvent que l'Ovni est apparu pendant 10 à 15 minutes, parfois ce sont plusieurs heures qui se sont écoulées. Dans certains cas, les témoins ne semblent plus être visibles pour leur entourage au cours de l'observation du phénomène.

Le témoignage de ce jeune garçon vivant au Nigéria est assez intriguant. Il affirme en effet avoir observé l'Ovni pendant 10 à 15 minutes en étant debout devant sa maison. Lorsqu'il retourna à l'intérieur, tout le monde lui demanda où ils étaient passés depuis plusieurs heures. Non seulement ce témoin a vu un Ovni mais il semble avoir été transporté dans une dimension parallèle.

Un témoignage encore plus intriguant est celui de la jeune Kenyane qui explique qu'une des photos qu'elle avait prise montrait non seulement un Ovni mais indiquait une heure à laquelle elle ne se trouvait pas encore sur les lieux. La physique théorique explique comment le temps et l'espace peuvent se courber sous l'effet d'une grande quantité d'énergie. Mais dans l'état actuel des connaissances scientifiques et des moyens matériels, ces affirmations restent dans le champ de la théorie.

La confusion est souvent au rendez-vous

Dans de nombreux témoignages, la confusion est présente. Les personnes ayant observé des Ovnis semblent pour une raison inconnue être quelque peu confus sur les détails de leurs observations. Ce phénomène ne semble pas propre aux observations qui ont eu lieu en Afrique. Il présente le désavantage d'altérer les récits d'observation des témoins. Dans de nombreux cas, les témoins ont d'ailleurs indiqué ne plus se souvenir d'une ou de plusieurs séquences de leurs observations. Cela est bien dommage parce que la clef pour résoudre ce mystère pourrait bien se trouver dans ces séquences manquantes.

Des observations fatales

Ironie de l'histoire, même si la question des Ovnis restent un sujet fantôme en Afrique, les rares cas de destructions de biens matériels et d'apparition fatale d'Ovnis ont eu lieu sur le continent. Ainsi, le 9 septembre 1980, les habitants du village de Baridiame (la paix à profusion en Wolof) ont été surpris par un étrange objet volant non identifié. Celui-ci a provoqué la destruction de plusieurs maisons. Les témoins rapportent avoir ressenti une chaleur intense après le passage de l'Ovni. Des jarres contenant de l'eau se sont complètement asséché. Le 4 août 1970, dans le village de Saladare situé dans l'actuel Érythrée, un Ovni similaire à celui qui visitera 10 ans plus tard, Baridiame au Sénégal, a fait son apparition. L'Ovni a détruit plusieurs cases et blessé de nombreuses personnes. Une des personnes succombera malheureusement des suites de ces blessures.

Dans les deux cas, il ne s'agit pas d'un crash. Les Ovnis ont disparu dans les cieux après avoir semé la panique et la désolation.

Que doit faire l'Afrique ?

Sur le continent africain comme ailleurs, la problématique des Ovnis est loin d'être une question existentielle. De nombreux pays du continent n'ont pas encore résolu les problèmes liés à l'insécurité alimentaire et au manque de ressources énergétiques. Les salles de classes manquent cruellement dans plusieurs pays et les villes se développent à un rythme effréné, ce qui creuse l'écart entre les riches et les pauvres. Dans de telles circonstances, s'intéresser à des engins probablement pilotés par des intelligences venues d'un autre monde peut sembler superflu.

Quoique logique, cette posture est dangereuse. La dictature de l'urgence ne doit pas conduire les pays africains à sacrifier leur curiosité. Depuis 4 siècle, le continent africain est la cible de plusieurs prédateurs. Malgré son sous-sol et son sol riche, le continent est le plus pauvre du monde. Outre la mauvaise gouvernance et le néocolonialisme, le manque de prospective explique la situation actuelle du continent.

Les Ovnis ne sont pas une chimère, plusieurs milliers d'africains ont vu ces appareils volants survoler leurs localités. L'Union Africaine ou les organisations sous-régionales comme la Cedeao, la Sadc, l'EAC, doivent s'intéresser à ce phénomène et mettre en place des équipes de chercheurs pour les étudier.

Il ne s'agit pas pour l'Afrique d'analyser la présence de ces extraterrestres à travers un prisme uniquement sécuritaire ou survivaliste comme le fait le monde occidental. Nous n'avons pas besoin de nous baser sur le postulat selon lequel, les extraterrestres sont dangereux et veulent nous détruire pour telle ou telle raison. Certes, il s'agit là d'une hypothèse qui ne peut être écartée, mais pourquoi ne pas penser que les extraterrestres ou du moins ceux qui conduisent ces vaisseaux sont dotés des intentions les plus pures et peuvent aider non seulement l'Afrique mais aussi le reste du monde à faire face aux différents défis contemporains ?

Au lieu de se cantonner à un rôle de spectateur, l'Afrique peut devenir la locomotive d'une nouvelle approche d'étude du phénomène Ovni et proposer des pistes de réflexion pour l'élaboration d'une éthique universelle. Cette nouvelle éthique qui élargit le champ du vivant aux êtres venus d'ailleurs permettra la naissance et le développement d'une humanité ou plutôt d'une trans-humanité cosmique.

Sources et bibliographie

https://www.bbc.co.uk/programmes/w3ct1x0z

https://www.herald.co.zw/ufo-sighted-in-chipinge/

https://www.mosaiquefm.net/fr/actualite-mosaique-fm-tunisie/876716/un-ovni-dans-le-ciel-de-tunis

https://www.babnet.net/rttdetail-8567.asp

https://www.thinkaboutitdocs.com/1974-object-hovers-immobilizes-witnesses-togo-africa/

https://www.ina.fr/ina-eclaire-actu/l-ovni-photographie-du-concorde-qui-a-defraye-la-chronique-en-1973

https://www.michuzi.co.tz/2009/01/ufo-sighting-on-tanzanian-skies.html

https://english.alarabiya.net/variety/2018/01/11/Mysterious-UFO-seen-over-Khartoum-on-Monday-night-and-stifles-military

https://www.radiodalsan.com/ufo-sighted-above-central-somalia-village-residents-claim/

https://allafrica.com/stories/200703270198.html

https://fr.allafrica.com/stories/201608190492.html

http://www.exmfpropulsions.com/new_physics/new_energy/propulsion/UFOs_Science/Africa_UFOs.htm

https://www.nairaland.com/495267/u.f.o-sightings-nigeria

https://allafrica.com/stories/200805210706.html

https://allafrica.com/stories/200910120766.html

https://www.cia.gov/readingroom/docs/DOC_0000015466.pdf

https://enigmalabs.io/library/14fcc56d-1ea9-452b-b691-be54021eb314

https://www.disclose.tv/strange-sounds-are-back-this-time-in-libya-385308/?
fbclid=IwZXh0bgNhZW0CMTAAAR26ojGy9K3NXekd4Cu9g1uQnfno6qq9rLlzhhs6ul8rIsJ-
fD0k5ytWzUQ_aem_AR68yfw0GZ6IXx0EbFVOhHQS47JHtGCEdoQ7i-
ZZRO1nxdCewZGzaHtdO_W4wbMJvMNoswVTvpt30LhGYIsrcGJv

https://ufos2.tripod.com/lesotho.htm

https://documents.theblackvault.com/documents/ufos/dia2ufo.pdf

https://www.reddit.com/r/Ethiopia/comments/1c24cq5/
ufo_destroyed_a_village_in_ethiopia_in_1970/

Les Ovnis Et Autres Objets Volants, Éditeur : De Vecchi

https://www.odla.fr/2016/02/01/un-myst%C3%A9rieux-ovni-observ%C3%A9-%C3%A0-abidjan-
en-octobre-1952-01-f%C3%A9vrier-2016/